先行き不透明な時代の自己防衛術

副業ライターのはじめ方

1日1時間から稼ぐ

第3版

しげぞう 著

自由国民社

はじめに　―「書く」楽しみで「稼ぐ」楽しみ―

いよいよ第3版が出ました！

「副業解禁」や「働き方改革」「ワークライフバランス」など、多様な働き方が提唱される中で、実際に副業（もしくは複業）を始める人も増えてきました。特に、時と場所に拘束されない「ライター」という働き方が注目されるようになったため、本書もこの度の改訂版を出すに至りました。

また、今回の改定版では、第2版以降に副業ライターを取り巻く環境が変化してきたことも反映させています。

本書の初版を執筆した当時、私は小さな会社のサラリーマンでした。しかも不況の波を被ってしまった1人です。もし、多くの同じ境遇のサラリーマンと違うことがあるとすれば、それは生活防衛のために「書くことによる副業」をいち早く実践してきたことかもしれません。

ところが本書の初版を上梓した直後、勤務先の会社が経営不振で厳しい状況になり、リストラが行われました。その結果私が所属していた部署が解散となり、私は失業してしまったのです。そしてとうとう、ライターが本業になってしまいました。

本書の内容は、次のような人に役立つことを目指しています。

●本業の邪魔にならない、時間も場所も拘束されない副業を探している人
●主婦業の隙間時間や、学業の合間にできる副業を探している人
●健康上の理由などで通勤が困難であるため、自宅でできる仕事を探している人
●書く事が好きな人
●いつか自分の本を出せたらいいなあ、とひそかに思っている人

右の項目のいずれかに該当する人はぜひ、本書をお読みください。ただし、『〇〇するだけで月に１００万円！』や『働かなくても給料の3倍は稼げる！』といった類の刺激的なテーマを求めている方は、申し訳ありませんが、他の派手めのタイトルが付けられた本を読まれることをお勧めします。

本書は、地味ながらも「書く」ことで、手堅く副収入を得る方法を紹介している本です。そして稼げるということを知っていただいたその後で、書くことが好きな人の夢について、ちょっと背中を押す本でもあります。

では、実際どのくらい稼げるのでしょうか。実はライティングの報酬は、案件によりかなりの差があります。例えば１記事で２０００文字程度のライティングでも、その報酬は５００円～７万円という、驚くほどの開きがあるのです。

このように報酬に開きがある理由は、複雑です。記事のジャンル、テーマ、難易度、発注者の予算、記事の利用目的、掲載サイトのアクセスの多さなど、複数の要因により決まるためです。

そこで１つの目安を考えてみましょう。クラウドソーシング（詳細は第２章）で副業ライター初心者が受注できる、報酬額が低めの仕事で、１記事（２０００文字程度）につき１０００円として試算してみます。この辺りの価格帯の記事であれば、難易度は低いことが多いですから、１時間に１記事書けるとします。

そして１カ月間の平日に１時間程度、土日にそれぞれ２時間程度作業できるとして、月に平日が22日、土日が８日あるとすると、

平日……１０００円×１記事×22日＝２万２０００円
土日……１０００円×２記事×８日＝１万６０００円
月の合計……３万８０００円

となります。もし、もう少し経験を積んで、１記事が３０００円の仕事を受注できるようになれば、

平日……３０００円×１記事×22日＝６万６０００円
土日……３０００円×２記事×８日＝４万８０００円
月の合計……11万４０００円

くらいになります。

これが、中級者になり１記事６０００円になれば月に22万８０００円、上級者になり１記事１万円になれば38万円、１記事１万５０００円になれば月に57万円（！）と増えていきます。

本当でしょうか？　残念ながら、現実にはこれほど単純に報酬は増えていきません。それは、記事の単価が上がるにつれてライティングの難易度も上がるため、１記事のライティングにかかる時間が増えてしまうためです。

１記事１０００円の時は１時間で書けたのに、１記事１万５０００円になったら５時間以上かかってしまった、ということもあり得るのです。それに本業やプライベートも何かと忙しい時には、試算通りの記事数をコンスタントにこなすことは難しいかもしれません。

それでも、ライティングを継続して腕を磨き、記事の単価が上がれば、前述の試算ほどではなくとも、月間の副収入は上がっていきます。

ただ、記事の単価が高くても、自分が得意なジャンルやテーマであれば、案外短時間で書けることもあります。そのような案件に出合えた場合は、そのクライアントからリピート発注されるような良質の仕事をすれば、副収入も安定してきます。皆さんそれぞれが相性の良い仕事を選んで、好きなだけ稼げばよいわけです。

ですから本書ではまず先に、「書く」を確実に「稼ぐ」に結びつける方法を説明します。何をするにも先立つものが大切だからです。大切なので多くの紙数をこのことの説明に割きました。この部分が「副業ライター」の入門編と呼べる部分です。

そして確実に稼ぐ方法を知った（あるいは実践した）後で、稼げるかどうかはわからないけど自分の「作品」を世に出したい、という人のための方法を紹介しました。

ここが「作家」の入門編と呼べます。


それでは一緒に、書いてコツコツ稼ぐことから、自分の作品を世の中に出すまでの道のりをたどってみましょう。

目次

第4章　どんな仕事があるのか

あとがき　―二足の草鞋が必須の時代へ―

第1章

誰でもなれる副業ライター

インターネット上の代表的な副業

増税や減俸から生活を防衛するために、「何かしなければならない」と思っている人は多いことでしょう。しかし安易な転職はリスクが高く、副業の定番であるコンビニやファストフードの店員、あるいは警備員などは体力を消耗し、時間や場所も拘束されてしまいます。それらの副業は生活を豊かにするどころか、かえって日々の生活を辛いものにしてしまうかもしれません。それでは本末転倒です。

しかし、世の中は悪いことばかりではありません。私たちは低価格化したパソコンと、常時接続が可能になったインターネットというインフラを手に入れられるようになりました。

パソコンとインターネットを使えば、体を酷使せず、時間も場所も拘束されない副業が可能です。そこでまず、本書のテーマである「副業ライター」の特長を理解するために、インターネット上で話題になっている他の副業を概観してみましょう。

まず、インターネットを使った副業で代表的なのは、「アフィリエイト」です。

これは、自分のホームページやブログ、あるいはメールマガジンなどで商品やサービスを紹介し、ホームページやブログの訪問者がその商品を購入したり、販売サイトへ誘導されたりすることで、紹介者に報酬が入るというビジネスモデルです。

アフィリエイトは初期費用がほとんどなく、手軽に始めることができるため参加者が多いのですが、欠点もあります。それは、話題になっているほどは稼げないということです。1年間とりあえず頑張ってみたが、1カ月で数十円から数百円だった、というのはよくある話で、毎月数万円以上を稼げているのは極一部といわれています。

次に最近人気があるのはポイントサイトを利用した副業です。ポイントサイトとは、スポンサーの広告を掲載し、その広告経由で商品を購入したりサービスを利用したりした人に、広告費の一部をポイントとして還元するビジネスモデルです。

例えば商品を購入したり、ホテルの予約をしたりする。あるいは資料を請求したり、アンケートに答えたりする。さらにはゲームを楽しんだりすることで、ポイントを貯めることができます。このようにして貯めたポイントを現金に交換すれば、収入になるわけです。

特に大きく稼いでいる人は、これらの商品やサービスをＳＮＳやブログなどで多くの人に紹介することでも、ポイントを稼いでいるそうです。

ポイントサイトが注目されているのは、無料で利用できることと、特別なスキルや知識が必要ないこと、そしてパソコンやスマートフォンがあれば、時間や場所に拘束されずに利用できることです。これはかなり魅力的な副業です。

ところがやはり楽な分、生活を支えるほどに稼ぐことは難しいでしょう。それは、一つひとつのポイントが非常に小さいため、複数のポイントサイトを利用してそれなりに長時間作業しなければならないためです。この複数のポイントサイトの管理が結構面倒なのです。

中にはクレジットカードの発行や口座開設で高ポイントを取得できる方法もありますが、１社で何度も使える方法ではありません。

やはりポイントサイトには、「ちょっとしたお小遣いがいつの間にか貯まっていた」程度の期待にとどめるのが良いでしょう。

３つ目に、「情報起業」があります。情報起業は、その黎明期には一攫千金を実現した成功者たちを輩出したことで、マスコミなどでも取り上げられました。そのビジネスモデルは、「情報商材*1」という形のない商品を高額で販売することなので、まるで「働かないで数千万円から数億円稼げる」といった印象を与え、ネットビジネスで最も効率が良いとして注目されたのです。

情報商材が取り扱う「情報」は、秘匿性が高く、必要性が高いものです。これらのノウハウを文書化したものを、ＰＤＦなどの電子文書にして販売します。数十ページのＰＤＦが数千円から数万円で販売され、しかも商品はＰＤＦなどのデジタルデータなので、いくら売っても増産したり在庫を抱えたりする必要がありません。

ただし、怪しげなテーマが多く、実際に詐欺まがいの情報が販売されて被害者が続出したため、現在では購入者側の警戒心が高まり、かつての情報商材長者を生み出すほどの成功例が少なくなってきました。

実は私も過去に情報商材を作成し、販売したことがあります。わずか3日ほどで作成した文書ファイルで、あっという間に数十万円を稼げて驚いたものです。ただ、当時販売した情報がすぐに陳腐化したことと、業界のイメージが悪化したことを機に、わりと短期間で情報起業からは撤退しました。

このような代表的なもの以外にも、インターネットとパソコンの普及によって、

***1 情報商材**
インターネットで販売されている情報。PDFなどのデジタル文書形式が主流だが、アプリケーションソフトや会員権などもある。情報は主にノウハウで、効果が高いのにあまり知られていない希少価値がある情報、という触れ込みで販売されることが多い。アプリケーションソフトは、株の購入ポイントを示すものや、アフィリエイトサイトを量産するものなどがある。会員権には、株価が上がる銘柄の予想情報を受け取れるものなどがある。

副業が容易になった仕事はたくさんあります。例えば、翻訳、ＤＴＰ、データ入力、トレース、設計、デザイン、イラスト作成、画像処理、プログラミングなどは、以前は主に通勤せねば対応できなかった仕事ですが、在宅での副業としても対応できるようになりました。

つまり、インターネットの普及は、副業の選択肢を大きく広げてくれたのです。そこでここからは、特に文章を「書く」ことで収入を得ることができる、副業ライターについて述べていきましょう。

専業ライターとの違い

「ライター」と名の付く職業はさまざまですが、どのようなジャンルを対象にしていても、専業ライターとなるとその世界は厳しいものです。仕事の内容も高度になり、納期や取材活動などといった厳しい条件も付きます。そして何よりも、文章力や構成力、背景となる知識や専門的な教養も、高度なものが必要です。

また専業である以上、生計を立てなければならないので、ある程度の仕事量をこなす必要があります。仕事を得ること自体も、たやすくはありません。多くの専業ライターにとって、仕事を得るための営業活動は欠かせません。出版社や編集プロダクションへの売り込み、編集者との人脈開拓や維持といったものは、大切な営業活動です。そして何より、信頼される実績を持っていなければなりません。

　では副業ライターはどうでしょうか。まず、本業ではないので、稼がなくてはならない金額が決まっていません。つまり、その分仕事を選ぶ余裕があります。

　次に、副業ライターが対象とする仕事のほとんどは納期が緩いものなので、時間の制約もほとんどありません。専業であれば1日で書き上げなければならない量の仕事でも、何日かかけて、隙間時間にこなせば十分ということもあります。

　また、仕事の内容もピンからキリまであり、初心者でも参入する機会が多くあります。ライティングの技量に合わせて仕事を選べ、初心者は初心者なりの仕事を、腕に自信のある人はより高度な仕事を選べばよいのです。もちろん、より高度なライティング技術を必要とする仕事ほど、単価が上がるのは言うまでもありません。

　仕事内容によっては、誰でもすぐに参加できます。また、簡単な審査さえ通れば、それまでの実績などは問われない仕事も多くあります。もちろん、より単価の高い仕事を取っていこうというのであれば、それなりに技量も実績も必要になりますが、そのためのステップアップも非常に築き上げやすい環境があります。

簡単にいうと、メールやブログを書いたことがある人なら誰でも参加できるのが、副業ライターの世界です。しかも、副業ライターの仕事は増え続けています。これは、インターネットを利用して、情報（新製品やイベント、新サービス、企業イメージなど）を拡散したい企業のニーズが増え続けているからです。

他のインターネット副業との違い

副業ライターと、先に紹介したインターネット副業との違いも見ておきましょう。

アフィリエイトは——これは私の造語ですが——「蜘蛛の巣型副業」といえます。どういうことかというと、ブログやホームページにアフィリエイトの仕掛けをしたら、後はひたすらアクセス*2を集めて、誰かがクリックしてくれることを待つ（祈る？）という、収益的には不確かな仕事だということです。一生懸命に作成したブログやホームページにアフィリエイト広告を貼り付けても、さっぱり収入が上がら

***2 アクセス**
ここでいうアクセスとは、アフィリエイト広告を掲載したブログや、ホームページを訪れる訪問者の数を示す。「アクセスが多い」「アクセスが集中する」などと使う。

ない、ということはよくあります。

もう1つのインターネット副業の代表である、情報起業はどうでしょうか。こちらも文章を作成するという意味では副業ライターの範疇に属しますが、自分で販売も行うとなると、これもまた蜘蛛の巣型といえます。

その点、不労所得化はできませんが、副業ライターなら自分が作業を続ける限り、継続した収入が得られます（ライティングによる不労所得化については後述します）。

副業ライターの仕事の種類

ここからは副業ライターの仕事の種類について、ざっと見ておきましょう。

副業ライターの仕事として考えられるのは、インターネット上でサイドビジネスとして受注できる、すべてのライティング作業です。例えば、以下のような種類があります。ブログライティング、新製品モニターのレビュー投稿、テクニカルライティング*3、会社案内や製品説明、書籍のブックライティング、雑誌の記事執筆、ウェ

***3 テクニカルライティング**
本来技術関係の論文やレポートなどの文書を作成する技法を示したが、ここでは操作マニュアルやビジネス文書を作成する仕事を示す。

ブマガジンのコラム執筆、ニュース解説記事、相場解説記事、リライト、メールマガジンの執筆、コピーライティング、テープ起こし、ウェブサイト原稿執筆などです。

特に主な仕事については、『第4章　どんな仕事があるのか』で説明します。

第2章

仕事はどうやって探すのか

未経験者でもデビューできる

それではいよいよ副業ライターとしてデビューする方法、つまり仕事を得る方法について触れてみたいと思います。

通常、専業ライターが仕事を得るためには、営業活動が必要です。出版社や編集プロダクションなどへの営業活動は、一般的な営業とそれほど変わりません。一度仕事を受注したならば、その実績や人脈は貴重な営業の糧になります。

しかしこのような活動は、専業のライターであるからこそ可能といえます。私たちが目指す「副業ライター」は、このような営業活動を原則として行いません。というよりも行えません。あくまで副業ですから、本業や子育て、パートの仕事等があって、多くの時間を拘束されているためです。

となると、「まったく営業しないで仕事が得られるの？」という疑問を持たれるかもしれません。そうです、まったく営業をしなくても仕事は得られるのです。いや、ある意味営業しているのですが、その活動方法が営業的ではないというべきでしょうか。

つまり副業ライターの場合は、営業するのではなく、応募したり、登録したりするのです。それが仕事を受注する方法となります。それでは、具体的な仕事の獲得方法を見ていきましょう。

検索してみる

「え？　それだけ？」と言われてしまいそうですが、検索するだけで、いかに多くのライターが募集されているかがわかります。もちろん、検索でヒットしたサイトすべてがライター募集であるとは限りませんし、また、募集していても、その内容があまりに不得意な分野であったり、条件が厳しかったりして応募できない、ということもあります。

その場合にはどんどんスルーして、他の募集内容をチェックしていけばよいのです。特に最初の頃は、無理をしなくても対応できそうな仕事から挑戦してください。

条件が緩いものほど単価も安いかもしれませんが、自分の作業ペースや能力を測りながら仕事を受注していけるわけですから、様子を見ながら徐々に単価の高い仕事に切り替えていくようにすればよいでしょう。

また、単価の高い仕事は、経験者であることが条件となっている場合もあるので、まずは参入が容易で単価の安い仕事をこなしておけば、それを立派な経験としてアピールできるようになります。

それでは、どのようなキーワードで検索すればよいのでしょうか。非常に簡単ですが、ブログライターであれば Google などの検索サイトから、「ブログライター 募集」（単語の間は半角スペース）と入力して検索してください。非常に多くのサイトが抽出されてきます。その中から、1つずつ募集内容を見ていきましょう。

またウェブライターであれば、「ウェブライター 募集」や「Web ライター 募集」と入力して検索すればよいでしょう。こちらも多くのサイトが抽出されます。そしてリライトの仕事を探すのであれば、これも同様に「リライト 募集」と検索すれば、簡単に見つけられます。

ここで注意ですが、検索でヒットしたリストの最初のページだけではなく、結構後ろの方にも良い案件があるので、時間の許す限り、何ページも見ていくことをお勧めします。

そして募集内容を確認して、「対応できそうだな」と思ったら、念のため発注者の情報も確認しておきましょう。特に報酬額の低い案件は、企業ではなく個人事業者の場合も多いので、本当に仕事として発注し、支払能力がありそうかどうかといったことを、ネット上で検索します。

例えばある会社がウェブライターを募集していたとしたら、その募集内容だけではなく、募集主の企業のサイトも確認し、実際に存在している企業か、どのような事業を行っているのか、なども確認しておくと安心です。

また、募集内容に「未経験者でも可」とある場合は、簡単な審査を行う場合もあるので、募集要項をよく確認しておきましょう。

詐欺に引っかからないためには

ところで最近残念なことに、ウェブライターを狙った詐欺、もしくは詐欺まがいの行為を働く人たちが現れ始めました。これは、ウェブライターを始めようとしている人たちが増加していることに目を付けた、新手の詐欺もしくは詐欺まがいの行為だと思われます。

妙に条件が良すぎたり、仕事内容が巧妙にぼかされているなど、ライター募集の内容について怪しいと感じたら、募集者の氏名や団体名を、インターネット上で検索してみるとよいでしょう。被害に遭った人たちからの告発記事が出ていれば、それが応募すべきではない案件であることがわかります。

もう1つ注意したいのは、自動的な応答で個人情報だけを収集している案件です。これはライターを募集するふりをして、応募者の個人情報だけを集めている悪質な案件です。集めた個人情報は、リストにして販売されているのだと思われます。これらの案件を見分けるには、以下のような応募方法が行われているかどうかが、1つの目安になります。

まず、実在する案件のようにライターが募集されています。応募すると特定のサイトにアクセスするよう、案内メールが返信されてきます。この段階で、偽物であることを疑った方がよいでしょう。本当に仕事を発注するつもりのメールであれば、この返信の段階で、すぐに審査や仕事内容についての連絡があるからです。

指定されたサイトに行くと（この段階ではまだ大丈夫です）、得意分野を尋ねる質問フォームが用意されています。最初から個人情報を求めると応募者に疑われるため、まずは答えやすく、もっともらしい内容から尋ねてくるわけです。

得意分野などに回答すると、さらに細かなテーマの選択画面が現れます。何が行われているのかというと、応募者の属性を収集しているのです。例えば、得意ジャンルに「競馬」と答えた人の個人情報は競馬関係の業者に、「株式投資」と答えれば、株式投資関係の業者に売るリストに振り分けられるのだと考えられます。そしていくつかの質問が自動的に行われた後、最後に連絡先や住所、氏名を確認してきます。

ここで注意したいのは、本物の発注者であればこれらの作業を、担当者が手動によりメールで確認してくることがほとんどだということです。最後まで自動的なサイトのフォーム登録で済ませようとしている募集者は、単に販売するための個人情報を機械的に（つまり自動的に）効率よく集めている可能性が疑われます。

また、ブログライター、ウェブライター、リライトなどの募集では、メールアドレスと緊急時の電話番号と振込先の情報は求められますが、住所を尋ねられることはほとんどありません。仕事のやりとりに不要な個人情報だからです。住所までを自動的なしくみで尋ねてくる募集者がいた場合は、個人情報を集めているサイトだと疑った方がよいでしょう。

残念なことですが、ウェブライターの求人、また応募者が増えるにつれて、このような偽の募集が行われているのも事実です。さらに本書の執筆時点でも、ライターを狙った詐欺の手法が進化していることを確認しています。クラウドソーシング（37ページ参照）を利用すれば、詐欺案件に出合う確率はかなり低くなりますが、それでも皆無とはいえません。例えば次のような手口が、クラウドソーシングでも一時横行していました。

まず、比較的高めの報酬でライターを募集します。この案件にライターが応募すると、「高品質の記事を求めているため、報酬を高めにしてあります。そのためライター様には、まずは以下のテーマでテスト用の記事を作成していただくことにしております」などのメッセージが届き、テストライティングを促します。

そこでテスト用の記事を作成して提出すると、音信不通になります。

つまり、このような案件では、テスト記事と偽って優良な記事を応募者から集め、無料で利用しているのです。このような手口は、現在はクラウドソーシング側の発注ルールの厳格化や発注内容のチェックなどにより、激減しています。

しかし、詐欺の手法は常に進化しています。インターネット上で「ライター募集詐欺」あるいは「ライター募集　被害」などのキーワード検索を行い、こまめに最新情報をチェックするように心がけてください。

ブログライターのＡＳＰに登録する

ブログライターの募集について検索していると気づくと思いますが、ブログライターで検索すると、ブログライターの仲介業者（ＡＳＰ*4：Affiliate Service Provider）が多くヒットします。これらの業者は、企業から依頼されたブログライティングの案件を、登録しているブログライターに紹介する業務、また、依頼主の企業への請求とブログライターへの支払いという決済業務を代行しています。

ですから、１つずつの案件を検索して探すよりも、これらのＡＳＰにブログライターとして登録し、新しい案件が発生する度にメールやサイトで紹介してもらう

*4 ASP（Affiliate Service Provider）
インターネット上でアプリケーションを提供するサービス。例えば情報商材のASPなら、情報商材のアフィリエイト用ソースコードを生成して提供したり、報酬のカウントや支払手続きを代行するシステムを提供する。また、ブログライターのASPなら、ライティング案件情報を提供し、案件の申請から報酬支払手続きなどのサービスを提供する。利用者は複雑な操作を行う必要はなく、ウェブブラウザ上の操作でサービスを利用できる。

サービスを利用する方が、効率的に仕事を探せます。

以下に主なブログライター（もしくはブログアフィリエイト）のＡＳＰを掲載しますので、参考にしてください。もちろん、複数のＡＳＰにブログライターとして登録することも、まったく問題はありません。

例えば、あるＡＳＰで紹介されている案件に対応できそうなものがなければ、別のＡＳＰで紹介している案件を探す、といったことは、ブログライターの間ではごく普通に行われていることです。同時に複数のＡＳＰから案件を集めて投稿するといったことも、珍しくありません。

【ブログアフィリエイトＡＳＰの例】

ブログ広告.com（https://www.blog-koukoku.com/）

ブログのカンヅメ（https://www.blokan.jp/）

レビューブログ（https://reviblo.com/）

ブロコミ（https://www.blocomi.jp/）

BLOGWRITER(https://blog-writer.com/)

右で紹介したサイト情報は本書執筆時に確認できた情報のため、その後サービス内容が変更されたり、サービスが終了したりする場合もあります。一方、新しいサービスが開始されている可能性もあるので、ご自身でも調べてみてください。また、各ブログアフィリエイトＡＳＰの特徴（審査の厳しさや案件の多さ、単価の高さなど）については、多くのブログライターたちが自分のブログで比較評価しているので、それらの最新情報を参考にするとよいでしょう。そのようなブログを探すには、「ブログアフィリエイト 比較」や「ブログライター 比較」（いずれも間に半角スペース）などのキーワードで検索すると探しやすいでしょう。

ところで、今回本書の第３版を出版するに当たり、ブログアフィリエイトＡＳＰを再調査したところ、多くのＡＳＰがサービスを終了していることが確認できました。このことから、ブログアフィリエイトの需要が減少していることが予想されます。

詳しくは「第4章　どんな仕事があるのか」の「ブログライター」でも触れますが、ブログライターは入門時の一時的な練習や、副収入の目標額が小さい人向けの仕事であると割り切る必要がありそうです。

ライター募集の掲示板やクラウドソーシングサービスを利用する

ウェブライターの募集を検索してヒットしたサイトの中にも、発注者との仲介をしているサイトを見つけることができます。これらの仕事も、このような仲介サイトから探すと効率良く見つけられます。

しかも、こちらはブログライターよりも、より広範囲な仕事内容が募集されています。例えば、リライト、ブログライティング、メールマガジンのライティング、ウェブサイトのライティング、定期的なコラムのライティング、会社案内の取材、ブッ クライターの募集など、実にさまざまです。

つまり、広い意味での「ライター」の仕事を探すことができるので、新しいジャンルに挑戦したい人にとっては、定期的にチェックする価値があるといえます。

以下に、代表的なライターの仲介サイトを掲載しておきます。

【ライター仲介サイト例】

ウェブライター・ジェイピー（http://www.web-writer.jp/）

ライター募集＠ＪＯＢＰＯＲＴＡＬ（https://writer.jobportal.jp/）

ただし、このような仲介サイトでは、支払いなどのトラブルまでは責任を持ってくれないので、自分で募集者のサイトを確認するなりしてから応募することをお勧めします。これらのサービスを利用する際は、あくまで自己責任で利用してください。

一方、最近ではライターに限らず、デザイナーやプログラマー、翻訳者、設計者、事務作業者など、さまざまな仕事において発注者と受注者を仲介する、クラウドソーシング*5と呼ばれるサービスが発展してきており、ライティングに関する仕事の募集も、クラウドソーシングサービスを利用する発注者が増加しています。

また、クラウドソーシングサービスでは、発注者と受注者のマッチングだけを行うのではなく、発注者と受注者の身元証明や評価、あるいは仕事の進捗管理から支払い管理まで行っています。

***5 クラウドソーシング**
クラウドコンピューティングのクラウドが「雲」であるのに対し、クラウドソーシングのクラウドは「群衆」の意味。企業が業務の多くを外部委託するアウトソーシングが普及してきたが、インターネット上のサービスを利用することで、不特定多数の企業や個人に業務を委託できる。主に知的生産に関する業務が中心だが、インターネットが企業と個人の協力関係を容易にしつつあり、今後の個人の働き方にも影響を与えると注目されている。

このような管理体制を整えることで、発注者と受注者がお互い直接会うことがないネット上での取引でも、少しでもトラブルが発生しにくい、安心できる環境を提供してくれているわけです。

そのため、掲示板や検索などで見つけた発注者が、信頼できるかどうかを見極めるのが難しいという副業ライター初心者には、クラウドソーシングサービスを利用して仕事を探し、受注することをお勧めします。

また、企業側にとってもクラウドソーシングサービスを利用したアウトソースでは、より信頼できる作業者を見つけることができるため、ライティング案件も多くがクラウドソーシングサービスで募集される方向にシフトしていると考えられます。その意味では、副業ライターは初心者に限らずベテランにとっても、クラウドソーシングサービスを利用することでより幅広い仕事に出会えるというメリットを得られるようになってくるでしょう。

以下に、主なクラウドソーシングサービスを紹介します。

【主なクラウドソーシングサービス】
ランサーズ（https://www.lancers.jp/）
クラウドワークス（https://crowdworks.jp/）
ココナラ（https://coconala.com/）

「ランサーズ」と「クラウドワークス」は国内の２大クラウドソーシングサービスで、そのサービス内容はほぼ同じです。ただ、ウェブサイト上のＧＵＩ（Graphical User Interface の略で、パソコン操作における主流の方式。画面のアイコンや図などをマウスで操作する）の違いで、使い勝手には好みの差が出るかもしれませんが、この２大クラウドソーシングサービスを押さえておくだけでもかなりの仕事を探すことができます。

若干補足すると、「ランサーズ」と「クラウドワークス」はネット上で仕事の依頼主と受注者を仲介するという意味では、前述のライター仲介サイトに似ていますが、これらのサイトのユニークな点は、コンペ方式と入札方式を採用しているところです。

コンペ方式では、応募したい仕事を見つけた人が発注者に提案をします。例えば、お店や会社の名前、ロゴマークのデザインなどです。発注者は提案された内容で発注先を決めます。

一方の入札方式では、仕事を受注したい人が発注者に対して、自分の実績や受注価格、納期などを提案します。それらの入札者の中から発注先が選ばれる方式です。

また、「ココナラ」は、自分のスキルを出品するという斬新なサイトです。例えば芸能ニュースが得意なら、「芸能ニュース書きます」、グルメ記事が得意なら、「指定のお店で食事して記事を書きます」といったことを出品できます。

「ココナラ」では他にも、「あなたの似顔絵を描きます」「起業の相談にのります」「あなたの名前を古代マヤ文明の文字で書きます」「タロット占いします」「ネットショップのバナーを作成します」「日本語をスペイン語にします」「お勧めの本を探します」「ビジネスに関する情報をあなたの代わりに集めます」などなど、見ていると、こちらまでインスパイアされるような、ユニークな仕事の提案が多くあります。

ここで、クラウドソーシングサービスのような、副業やフリーランサーを支援するサービスが登場し、成長している背景について、少々述べたいと思います。

個人的には、多くの人が正社員として、安定して昇給する収入を得られる社会の方が望ましいと思いますが、世の中の流れは違う方向に向かってきています。

つまり、企業が固定費を削減するために正社員を減らし、固定費化しやすい派遣社員すらも減らし、アウトソースできる仕事はどんどん外部に発注して、変動費化していく傾向にあるのです。

このコスト削減はさらに進みます。外部の発注先もこれまでは企業が多かったのですが、企業は多くの社員やオフィスの維持費などの固定費を賄うために、高めの金額を請求してきます。しかし、身軽な個人に外注すれば、企業のような大きな維持費を必要としていませんので、発注者はより安くアウトソースできます。

この流れを考えれば、クラウドソーシングサービス業界がにぎやかになっている現状を理解できます。既に紹介したもの以外にも、多くのクラウドソーシングサービスが登場しています。その活況を感じていただくために、もう少し他のクラウドソーシングサービスを列挙してみましょう。

【クラウドソーシングサービスの例】

ジョブハブ（https://jobhub.jp/）は、人材派遣大手のパソナグループが運営するクラウドソーシングサービスです。

クラウディア（https://www.craudia.com/）は、登録会員国内最大級をうたっているクラウドソーシングサービスです。

クラウド（https://www.realworld.jp/crowd/）は、隙間時間にできる小さな仕事を中心としたクラウドソーシングサービスです。

シュフティ（https://app.shufti.jp/）は名前の通り、主婦向けのライティングや、データ入力などの案件に強いクラウドソーシングサービスです。

タレント（https://talent-worker.com/）は、ライティング中心のクラウドソーシングサービスです。

ルポ（https://www.repo.ne.jp/）は、ウェブ上で記事を作成して投稿できるプラットフォームが用意されており、小さなライティング案件を中心としたクラウドソーシングサービスです。

shinobi ライティング（https://crowd.biz-samurai.com/）は、ライティング

に特化したクラウドソーシングサービスです。

ここでは紹介しきれませんでしたが、他にもデザインやロゴ制作、イラスト作成、漫画制作などに特化したクラウドソーシングサービスがあります。

以上のように、これからはインターネットを通じて、個人が個人や企業に対して直接自分のスキルを販売する、クラウドソーシングというスタイルが広がろうとしています。この流れは、副業ライターの仕事を広げていくことになるでしょう。

仕事は待たずに取りに行く

ライターの仲介サイトやクラウドソーシングサービスを紹介しましたが、いずれも募集案件を自分からチェックすることが基本です。というのも、いずれのサービスもライターとして登録しておくしくみがあるものの、まだ実績の少ない初心者ライターに、発注者側から声がかかることはまずないと思った方がよいからです。

想像してみれば納得がいきますが、依頼側の担当者が、（言葉は悪いですが）有象無象がライターとして登録していると思われるサイトから、膨大な数のプロフィールを吟味し、その中から「できそうな」ライターを探し出して声をかけるといった労力をかけることは、考えられないためです。

また、それだけの労力を費やして声をかけても、そのライターに何らかの理由で断られたり、納品された記事の品質が悪かったりしたら、それまでの労力がまったくの無駄になってしまいます。依頼者側がそこまでのリスクを抱えることはないでしょう。それよりは募集案件を公開して、やる気のあるライターに応募させた方が効率の良いことは明白です。

ですから、ライターの仲介サイトに登録し、一生懸命気を引くようなプロフィールを入力しておいても、まず仕事は来ないと思ってください。

つまり、仕事は自分から取りに行くようにしなければならないということです。仲介サイト上で探して良い仕事がなければ、ウェブ上で検索して探せばよいのです。案外この方が、将来長くおつきあいできる依頼主を見つけられるかもしれません。

仕事は自分から探す。そして仕事は選ぶ。これが副業ライターの基本姿勢です。

ライティングの仕事が途切れたら

その気になれば、ライティングの仕事は途切れることがありません。ブログライター（仕事の種類は第４章で詳しく紹介します）の仕事は常に探していなければならないというデメリットがあるのですが、リライトやウェブライティングの仕事は、一度品質上の信頼を得られれば、リピートの依頼が継続することが多いのです。

また、常に案件を探していなければならないブログライティングでも、複数のＡＳＰと契約することで、何かしら投稿記事のネタがあるものです。ただ最近の傾向として、自分のブログに投稿するタイプの案件は減少し、所定のフォームに記事（テキストデータ）だけを投稿するタイプの案件が増加しているようです。ですから、自分のブログに投稿するタイプの案件だけでは仕事が不足してきたかな、と思った場合は、記事を作成して所定のフォームに投稿するタイプの案件に目を向けることをお勧めします。

一方、これもいったん信頼を得ると依頼が途切れない傾向があるウェブサイトのライティングですが、残念ながらライター側がすべてのテーマに対応できるとは限りません。やはり、得手不得手があります。例えば私の場合、グルメものや恋愛ものは苦手なため、引き受けないようにしています。

そうすると、ウェブサイト用のライティングに関しては、時々手が空いてしまう可能性があります。単一の発注者の仕事だけでは手が空いてしまうなら、複数のクライアントを持つようにすればよいのです。ただし、焦っていくつもの募集に応募し、仕事を断れなくなり、どれも納期に間に合わなくなってしまった、というような受注の仕方は避けましょう。

あまり焦って欲張り納期を守れなくなると、信頼をなくし、そのクライアントの仕事は2度とできなくなってしまいます。繰り返しますが私の経験では、一度信頼を得たクライアントがあれば、仕事は途切れない傾向があります。

確定申告は会社にバレない？

副業ライターはアフィリエイトなどと異なり、目標額を目指して作業すれば、作業した分確実に収入になります。年始から順調にこなしていけば、1年後には確定申告が必要な額に達することは現実的です。

しかし、サラリーマンの場合、確定申告すると副業が会社に知られてしまうと思って、確定申告をしない人もいるようです。これは誤解で、確定申告をしたからといって、いちいち税務署が会社に副業をしていると通達することはありません。

確定申告をすることで会社に副業が知られてしまうのは、住民税の源泉徴収額が会社の支払っている給与に対して多すぎる、と会社側に気づかれた場合です。これは税務署が課税業務を円滑化するために、特別徴収制度というしくみを取り入れていることによります。つまり、特別徴収制度は、サラリーマンの給与以外の所得に掛かった住民税も、給与からまとめて源泉徴収できるしくみなのです。

しかしこの特別徴収のしくみは、確定申告する際に選択できます。つまり、確定申告する際に住民税を「特別徴収」にするか「普通徴収」にするかをチェックして選べるのです。ですから、ここで普通徴収をチェックして選択しておけば、住民税の支払い通知は会社には知られずに、直接申告者の元に（つまり自宅に）届きます。これですんなりと事が運べば、基本的には確定申告によって副業が会社に知られることはありません。

ところが昨今では、普通徴収を選んだだけでは、副業が会社にバレないという保証がなくなりつつあります。それは、全国的に特別徴収を推進することが推奨されており、自治体によっては特別な理由がない限り、普通徴収を認めない場合が増えつつあるためです。

また、副業でアルバイトなどの給与所得がある場合は、原則として特別徴収が適用されるので、確定申告で普通徴収を選んでも、会社に住民税の額が報告されます。

その他、住宅ローン控除や医療費控除、ふるさと納税などの控除を受けたり、株式投資をしている場合にも、副収入があることが会社に知られてしまう可能性があるようです。

そのため、確定申告で普通徴収を選べば副収入が会社に知られないということは、保証されなくなってきました。これらのことは自治体ごとに対応が異なるので、各自治体で確認してください。

結論としては、確定申告で副業が会社に「バレにくい」方法はあっても、「絶対にバレない」という保証はない、ということになります。副業をすることで減俸や解雇といったリスクがある場合は、副業をしないことも選択肢となります。

また、確定申告しなければならない場合について、かなり誤解されていることがあるので、ついでに言及しておきましょう。それは、副業の「収入」が年間で20万円を超えたら確定申告する、というものです。

しかし、細かいことのようですが、正確には「収入」ではなく「所得」です。これは、多くのアフィリエイターがネット上で間違った言葉使いで紹介しているので、注意が必要です。例えば、副業の「収入」が年間で21万円だったとしても、必要経費で３万円かかったとしたら、「所得」は18万円となるため、確定申告の義務はありません。副業ライターの場合、ライティングのためにパソコンやソフト、プリンターなどを購入したのであれば、それらは必要経費になります。また、資料や参考書籍の購入費、取材で使った交通費、あるいは打ち合わせの飲食費も経費です。

したがって、副業ライターとして作業をする際に経費が発生した場合は、こまめに領収書を保管しておく必要があります。そして、年間「収入」から「経費」を引いて、「所得」が20万円を超えるかどうか確認してください。

ただし、給与所得がない専業主婦や学生などで、副業ライターやアフィリエイトの収入のみがある場合の申告義務は、年間所得が38万円を超えた場合となるので、これも知っておいてください。

ところで、所得が20万円以下の場合は確定申告の必要がない、というのはあくまで、「他に申告する必要がない」場合です。例えば医療費控除やふるさと納税など、各種控除を受ける場合は、副業の所得が20万円以下でも申告しなければなりません。

また、ややこしいのですが、副業の所得が20万円以下で確定申告の必要はないというのは、あくまで所得税に関する話で、住民税は別途申告する必要があります。ただし、確定申告すれば、住民税を別途申告する必要はなくなります。

さらに確定申告のわかりにくさは、例えば給与所得がある人が副業ライターやアフィリエイトなどの副収入を得ている場合は、通常は雑所得となる、と大抵の確定申告関係の本では区別していますが、場合によっては（考え方によっては）、事業所得となることです。雑所得と事業所得の区分は、その経済活動が反幅性や継続性があるかなど、やや曖昧です。つまり数値による明確な区分などがありません。

また、前述した経費についても、税務署によっては雑所得では認められない場合があるので、事前に（確定申告の忙しい時期は避けた方がよさそうですが）申告先の税務署に確認しておくとよいでしょう。場合によっては、申告方法を変えることで認められるとアドバイスしてくれるかもしれません。

以上、確定申告について紹介しましたが、税制は常に変わる可能性があります。確定申告の頃になると、毎年書店には確定申告関連の本が所狭しと並びます。その年度用の最新版を1冊購入して、参照することをお勧めします。

なお、副業が会社にバレるのは確定申告だけが原因とは限りません。勤務先によっては、副業がバレることで大切な収入源である本業を続けられなくなる危険もあります。ですから副業を行うかどうかは、当然ではありますが、自己責任で判断してください。

マイナンバーで副業がバレる？

マイナンバーによって副業が勤務先の会社にバレてしまうのではないか、といった不安や疑問の声が多く聞かれます。これから述べる結論は、税理士でも会計士でもない素人の筆者が調べた結果です。正確なことは常に最新の専門家等の意見を参照してください。

まず、マイナンバーは行政の効率化や税の徴収が公平・公正に行われることを目的としているので、企業が社員の副業についての情報を取得するようなことには利用できません。

ただ、会社員は自分や家族のマイナンバーを勤務先に提出する必要があるので、まるで個人情報を差し出してしまうかのような不安を覚えることと思います。

しかし、会社が社員やその家族のマイナンバーの提出を受けるのは、源泉徴収や社会保険などの手続きにおいて必要としているのであり、社員の副収入を調べるためではありません。

したがって、マイナンバーだけが原因で副業がバレることはないと考えられます。ただし、将来的にはマイナンバーの利用範囲は拡大されることが示されているので、副業に対してもどのような影響が出てくるかわかりません。

むしろ副業がバレるとすれば、それは前項の「確定申告は会社にバレない？」で言及した通り、確定申告で普通徴収が認められなかった場合の住民税の徴収額です。これは直接マイナンバー制度とは関係ありません。

また、副業がバレる原因の多くは、自分から同僚や友人たちに副収入があることを自慢してしまったり、ネット上で本名を出して副業活動をしていることが見つけられてしまったりした場合です。

改めて筆者なりの結論を述べると、マイナンバーで副業がバレることは考えづらいものの、将来運用範囲が拡大された場合はわからない、ということになります。

そしてこれも改めて述べますが、副業はマイナンバーとは無関係にバレる可能性があります。

したがって、副業禁止規定がある会社に勤めている場合などは、経済的事情により本業には支障を来さない範囲で副業をさせてほしい、と事前に会社の了承を得ておくこともひとつの方法です。

いずれにせよ、副業を行うかどうかは、ご自身の責任において判断してください。

第3章　仕事を始める前に

必要なものはパソコンと銀行口座だけ

副業ライターは、他の仕事に比べて初期投資がほとんど不要な仕事です。それだけリスクも少ない状態で始められる仕事ということですが、そうはいっても、最低限必要なものはあります。

それは、パソコンとインターネットへの接続環境です。例えば専業のライターであれば、他にもプリンター、ファックス、カメラ、ボイスレコーダーといった機器が必要な場合もありますが、副業ライターにとっては、余裕があれば手に入れればよい、といった程度の重要度です。もし、取材の関係でデジタルカメラとボイスレコーダーが必要であれば、その時に投資すべきかどうか検討すればよいでしょう。

そもそも本業の収入を補うために副業を始めるのですから、投資する金額は少ないほどいいはずで、最初から先行投資が必要な仕事は避けるという選択肢もあります。まずはお金のかからない仕事から始め、金銭的余裕ができ、仕事を広げたいという思いがあれば、初めて投資をすればよいと思います。

ところでパソコンですが、ハイスペックなものは必要ありません。基本的には文章を作成できて、インターネットに接続できればよいのですから、安いものでよいでしょう。すでに使っているものがあれば、投資は不要ということになります。

それから忘れがちなのですが、銀行口座を用意しておく必要があります。ウェブライターの仕事に対する報酬は、銀行口座への振り込みで行われます。その際、発注者側に比較的好まれるのが楽天銀行です。楽天銀行の口座であれば振込手数料を差し引くことはしません、という発注者も多いのです。

また楽天銀行であれば、報酬が振り込まれた際にはすぐにメールで報告が届くので、振り込み予定日に振り込まれたかどうかということも、パソコンの前に居ながらにして確認できます。ウェブライターに限らず、アフィリエイトなどのインターネットを利用した副業を行う場合は、楽天銀行の口座を持っていると便利でしょう。

必要なソフトとできればほしいソフト

「パソコンはあるけどMacintoshではだめですか」という人がいますが、まったくそのようなことはありません。ブログライターなどは、もう本当にウェブブラウザと、ＯＳに標準装備されているテキストエディター（Macintosh の TextEdit や Windows のメモ帳）があれば、十分仕事ができます。

　ただ、発注者の多くが Windows ユーザーであることを考えると、やはりライターも（これから購入するのであれば）Windows を使用することをお勧めします。Windows 同士であれば、日常的なテキストデータのやりとりやファイル圧縮形式など、意識しなくても互換性が保たれている場合が多いためです。

　また、情報収集を行う際、ウェブサイトやインターネット上の一部のサービスでは、Windows でなければ対応していないものもあります。Macintosh（あるいはブラウザ）の設定を調整することでほとんど解決するのですが、少し面倒ではあります。

　ここからは、「なければならない」ということはないものの、「あればより便利」というソフトを紹介します。

【ワープロソフト】

やはり文章を作成する際には、ワープロソフトのいろいろな機能が役に立ちます。仕事によってはMicrosoft Word形式（拡張子が.docもしくは.docx）で納品することが条件という場合もあるので、できればWordもしくはWordと互換性のあるワープロソフトは欲しいところです。

また、ほとんどのワープロソフトに搭載されているアウトラインモード*6を利用して、階層構造（63ページ参照）の文章を素早く作成できます。これはウェブサイト全体のライティングを行う際には非常に便利です。さらに、校正機能も非常に役立ちます。自分で見直しただけではなかなか気づかない誤字、ゆらぎ、文法上の誤り、慣用句の誤りなどを容易に見つけることができます。

一方、ワープロソフトが持っているレイアウト機能は、ほとんど使うことはありません。ウェブライターの仕事で、レイアウトに凝るようなことはあまりないからです。しかし、書籍の執筆や電子書籍の執筆といった仕事の場合は、簡単なレイアウト（タイトルと見出し、本文の区別など）ができる方が便利です。

***6 アウトラインモード**
ここでいうアウトラインモードとは、文書の階層構造をGUIで確認しながら編集できる状態を示す。Word、一太郎、Pagesなどの主なワープロソフトには標準装備されており、文書を理論的に効率よく作成するための支援機能である。

【テキストエディター】

先に、ブログライターの仕事はテキストエディターがあれば可能と述べましたが、実はWindowsに標準装備のメモ帳や、Macintoshに標準装備のTextEditでは、機能上物足りないところがあります。その点を補うために、より高機能なテキストエディターを使うことで、仕事がはかどることがあります。

といっても、特別購入する必要はありません。ベクター（https://www.vector.co.jp/）などで探せばたくさんのフリーウェア*7が見つけられるからです。これらのフリーウェアとして配布されているテキストエディターは、メモ帳やTextEditよりも使いやすいものが多く、それぞれ特色があります。

例えばほとんどのフリーウェアのテキストエディターでは、文字を入力しているそばから文字数（バイト数*8）がわかるように表示される機能があります。この機能などは、ライターにとっては非常に便利だといえます。

自分が作成している文章が今何文字になっているのかといったことは、常に把握しながらライティングしないと、発注者から指定された文字数を大幅に下回ったり上回ったりしてしまい、後で慌てて調整するという作業が発生してしまうからです。

***7 フリーウェア**
フリーソフトやフリーソフトウェアとも呼ばれ、無料で使用することが許可されているアプリケーションソフトのこと。ただし、再配布やソースコードの変更などについての制限は、ソフトにより異なる。

　また、改行、タブ、半角スペース、全角スペースといった、通常では見えない文字（これらも文字コードを持っています）を、記号として表示することが可能です。この機能のおかげで、余分なスペースに気づいたり、ソフトリターンなのかハードリターンなのか（つまりウインドウ幅で自動的に折り返しているのか、意図的に改行したのか）もすぐに判別できたりします。

　さらに、正規表現といった特殊な文字列を利用した文章の編集作業も、非常に楽になります。正規表現とは、文字列のパターンを表すことが可能な表現です。文字として「.^$[]+?|()」などを使用します。つまり、文字の検索をパターンで行うことができるのです。これはほとんどのテキストエディターに搭載されている機能です。

　少々わかりにくいので、いくつか例を挙げてみましょう。例えば任意の文字を含む文字列を検索する場合です。テキスト中から「Windows」という単語を検索したい時、どうやらスペルミスをして「Winbows」と入力した場所があるとします。その時テキストエディターで正規表現を利用した検索機能を使い、「Win.ows」と「.」を入れて検索すると、「Windows」も「Winbows」も「Wingows」も検索でヒットします。これらを一気に「Windows」に置換して修正することもできます。

***8 バイト数**
テキストエディターにリアルタイムで表示されている文字数は、バイト数で表示されていることがほとんどである。半角英数や半角カタカナは1バイトで1文字だが、通常の全角ひらがなや漢字は2バイトで1文字である。そのため、日本語でライティングをしている最中にテキストエディターが表示しているバイト数は、そのまま文字数を表している訳ではなく、2で割る必要がある。

次に、直前に0回または1回出現する文字を含む文字列の検索例です。例えば、「MacOS」と「Mac OS」の両方を検索したい場合は、正規表現を使って「Mac ?OS」と検索すればよいのです。この方法で両方ヒットします。

もう1つ見てみましょう。いずれかの文字列を検索したい場合です。例えば、「アプリ」と「ソフト」を同時に検索したい場合は、正規表現を使って「アプリ|ソフト」で検索します。すると両方ヒットします。

まだまだ多くの使い方がありますが、正規表現を使うことで、大量の文章を効率よく編集できるようになります。この機能は、フリーウェアのテキストエディターのほとんどに搭載されているので、ぜひ利用できるようにしておきたいものです。ちなみに、正規表現を暗記する必要はありません。いつでもネットやヘルプ*9などで参照すれば使えるのだ、ということを知っていれば十分でしょう。

【アウトラインプロセッサー（アウトライナー）】

テキストエディターに階層構造を持たせたものが、アウトラインプロセッサー（アウトライナー）です。これは文章に階層構造を持たせながら作成するためのソフト

***9 ヘルプ**
ソフトごとに装備されている電子ドキュメントで、使用方法やトラブルを解消する方法が記載されている。多くはメニューの「ヘルプ」から表示できるが、ソフトによっては、まったく独立したドキュメントファイルとして添付されている場合もある。

です。ウェブサイトのほとんどが階層構造を持っているので、アウトラインプロセッサーを利用することで、ウェブサイトのライティングは非常に効率よく作成できます。

文章の階層構造とは、タイトル、大見出し、小見出し、本文、といった構造のことです。そして、そこにはたいていルールがあり、大見出しの下には複数の小見出しがなければならないとか、本文は必ず小見出しの下に位置しなければならない、といったものです。

また、ウェブサイトのほとんどは、トップページを最上位として、その下に複数のページがリンク付けされています。これらのリンク付けされたページにもそれぞれタイトルがあり、その下には見出しと本文があります。

つまりウェブサイト自体にも、その各ページに記載された文章にも、階層構造があるのです。したがって、アウトラインプロセッサーを利用して文章を作成することができれば、常にサイトの構成を意識しながら文章を作成できることになります。

ウェブライティングの発注者によっては、特定のアウトラインプロセッサーのファイルで納品することを条件にしている場合がありますが、指定されるアウトラインプロセッサーはフリーウェアであることがほとんどなので、必要になっても無料で入手できます。ちなみに本書の原稿も、Wordに搭載されているアウトラインモードを利用して執筆しています。

【画像処理ソフト】

最も有名なソフトはAdobe Photoshopですが、かなり高額です。ライティングだけではなく、写真などの画像も合わせて納品してほしいといった依頼があった場合には、トリミングや色の補正、場合によっては画像の合成処理など、画像処理ソフトによる加工が必要な場合があります。

ただ、ほとんどの場合はなくてもすみます。お金をかけたくない場合は、画像の納品が条件となっている仕事を避けるようにすればすむことです。

それでも、より単価の高いライティングの仕事を取れるようになってくると、画像処理（といってもトリミングや解像度の変更程度）が必要になる場合があります。この場合も、すぐに高額なソフトの購入を検討する必要はありません。まずは無料のソフトで対応することを検討しましょう。

Googleなどで、「Photoshop の代わり フリーウェア」（半角スペースを入れる）といったキーワードで検索すると、いくつもの無料で使える画像処理ソフトを見つけることができます。

【イラスト作成ソフト】

画像と同様、こちらも有名な物にAdobe Illustratorがあります。イラスト（特に概念図など）をライティングに合わせて作成してほしい、といった依頼もあり得ます。ただ、簡単なイラストなら、安価なソフトやフリーウェアでも作成できます。また、そもそもイラスト作成が必要な仕事を受注しない限り、必要ありません。

【校正ソフト】

ワープロソフトの校正機能も優秀ですが、テキストエディターで作成した文章をサクっと校正するのであれば、校正専用のソフトがあります。株式会社ジャストシステムの「Just Right!」というものです。その校正機能は非常に優秀なので、一度使うと手放せません。

私はテキストベースで原稿を作成した後は、何度か自分で読み直し、その後にJust Right!による校正を行う場合があります。何度自分で読んでも気づかなかった、非常にケアレスなミスが見つかるので、１人で作業をしているライターにとっては大変に心強いツールといえます。

用語の揺らぎだけでなく、文法上の誤り、慣用句の誤りといった基本的な校正はもちろんのこと、一般的な名詞だと思って使用していた用語が商標登録されている製品名である、といったことまでチェックされます。

例えば以前、うっかりマジックテープという用語を使用して記事を作成しており、納品前にJust Right!で校正をしたところ、マジックテープは株式会社クラレの登録商標であると指摘され、慌てて修正して納品できたということもありました。参考までにマジックテープの一般名称は、面ファスナーです。他にもエレクトーンはヤマハ株式会社の登録商標で、一般名称は電子オルガンです。このようなことは、案外気づきにくいことではないでしょうか。

また、正しい用語であるにもかかわらず、専門用語などは誤字として抽出されてしまうことがあります。そのような時は辞書登録機能があるので、次回からは誤字として抽出されることはありません。つまり、使うほど学習してくれる賢い校正ソフトなのです。

なお、このJust Right!は、すでにMicrosoft WordやAdobe Acrobatがインストールされているパソコンであれば、それぞれのソフトのプラグインとしてもインストールされるので、WordファイルやＰＤＦの校正にも役立ちます。ただし高額なソフトなので、よほど経済的に余裕ができてからでなければ、購入することは難しいかもしれません。もし、既にWordなどの校正機能が搭載されたワープロソフトを持っているのであれば、これを活用することもできます。このことについては後述します。

いろいろなソフトを挙げましたが、基本的には手元にあるソフトで対応できる仕事から受注し、ある程度稼げたら、次の投資としてそろえていくとよいでしょう。

外でも作業を行うなら

副業ライターを行うにあたり、必要なハードはインターネットに接続しているパソコンだけです。ファックスや電話すら、まず必要ありません。もちろん、あるに越したことはありませんが、わざわざ用意する必要もないでしょう。

ただ、電話は緊急連絡先として必要になる場合もあります。それに発注者もいざという時の連絡手段として電話がないと不安になるでしょうから、電話は実際に使う可能性はかなり低いですが、保険として必要ということになります。もちろん、携帯電話やスマートフォンで十分です。

インターネット接続環境は、仕事を探す、応募する、受注する、納品する時などに必要となります。さらに重要な用途として、ライティングのための調査作業にも必要となります（70ページ参照）。

以上のように、副業ライターに最低限必要な道具は、インターネットに接続しているパソコンだけとなります。それ以上に設備投資が必要な仕事は、とりあえずお金に余裕ができてから受注するようにすればよいでしょう。

ただ、どうしても外出先でも作業をしたい、ということであれば、ノートパソコンが必要になります。

また、ノートパソコンを新たに購入しなくても、スマートフォンやタブレットを携帯している人であれば、それらを使ってライティングを行うこともできます。

画面上のソフトキーボードでは文字入力に手間がかかるという場合でも、最近ではスマートフォンやタブレット用に、Bluetooth で無線接続できる折りたたみ式のキーボードも多種類販売されているので、それらを利用することで、どこでもライティングの作業を行うことができるようになります。

ただし、調査が必要なライティングでは、小さな画面での作業が困難なため、やはりノートパソコンの方が効率が良いかもしれません。

以上、外出中のライティング環境について紹介しましたが、実は筆者自身は外出先でライティングすることはありません。それは外出先で時間ができた時は、もっぱら読書に徹しているからです。というのも、そういう時でもないとインプットする時間がないのです。アウトプットばかりが続くと、脳が枯れてしまうような気がします。

そのため通勤電車の中でも、できるだけ読書をしていました。たくさん読むことは、たくさん書けることに影響を与えていると思っているからです。

調べ物はインターネットで

ブログライティングにせよ、ウェブライティングにせよ、知らないことを書かなければならなくなったら、調べる作業が生じます。

あるライターの著書に、「ライターとは読者の調べ物代行業だ」というようなことが書いてあったのを思い出しますが、まったくその通りだと思います。知っていることだけでライティングをしていければこれほど楽なことはありませんが、人1人の知識など、すぐに底をついてしまいます。

しかし、慌てる必要はありません。ライティングという作業は、生番組のトークショーに出演しているわけではありませんから、情報収集の時間が与えられています。それでは、どうやって調べればいいのでしょうか。

情報収集の手段が限られていた時代であれば、その手段を持っているというだけで、一般人より抜きん出ることができました。しかし、現在ではインターネットの普及によって、大抵のことは簡単に調べることができます。特に、ブログやウェブサイトのライティングに必要な情報であれば、おおよそインターネット上の情報で間に合うのではないでしょうか。

ただ、同じインターネットを利用できる環境にいても、その情報収集技能には差が出ます。それは、検索センスの差とでもいいましょうか。私が以前勤めていた職場でも、インターネットを利用できるということでは全社員がまったく同じ条件であるにもかかわらず、すぐに情報を見つけ出すことができる人と、なかなか目的の情報を得られずに、インターネット上をいつまでもさまよっている人がいました。

これはある情報を探す際に、「どんなキーワードで検索するか」というキーワード選びのセンスの差だと思います。キーワードには、複合キーワードも含まれます。

そしてもう１つあるとすれば、いかに短時間で多方面からアプローチできるかという、検索技能の差によるものともいえます。例えば、これはライティングには直接関係ありませんが、あるモデルさんの写真だけ見せられて、「このモデルについて調べてくれ」と頼まれたらどうしますか。依頼者はそのモデルの名前を知らないといいます。まだ画像から検索する技術は、それほど一般的ではありません。

そこで１つの方法として、そのモデルが出ているＣＭから調べるという方法に思い当たればしめたものです。ＣＭの商品なりスポンサーなりがわかれば、そこから検索してたどっていくことが可能だからです。あるいは出演しているドラマや映画がわかっていれば、そのタイトルから検索することも可能ですね。

要するに、からめ手から攻める柔軟性を持っているかどうかが、検索センスの有無だといえそうです。例えば、パソコンである操作を行うと決まってフリーズしてしまう、という状態が発生したとします。エラーコードが表示されなかった場合でも、上手な人はあっという間に解決策をインターネット上から探し出してみせます。検索するキーワード選びが上手なのですね。

このようにインターネットで検索すれば、大抵の情報は集めることができるでしょう。しかし、インターネット上にあまり情報がない分野や、情報が多すぎ、玉石混淆状態が激しいという場合は、書籍を当たる方がよい場合もあります。

特にウェブサイトのライティングで、系統立てて、ある程度専門的なサイトの記事を作成する場合、書籍をベースの参考文献として基本情報をインプットし、インターネットで情報を膨らませていく方が効率的な場合もあります。そういう意味で、まだまだ書籍は優良な情報を提供してくれるメディアとして、格が違うと考えています。

もう１度、読み直そう

さて、情報収集もこなし、めでたく記事を作成し終えたとします。しかし、すぐに納品することは避けましょう。専業のライターでさえも、１度で完成された文章を作成することは困難です。どれほど小さな記事であっても、入力し終えたら必ず読み直してみましょう。文章は推敲を重ねるほど完成度が高まります。余裕があれば、２度でも３度でも読み直すことをお勧めします。

入力し終えてすぐに読み返すだけでも、必ずおかしな文章や誤字脱字を見つけることができます。もしすぐに見つけられないようであれば、１度その文章と距離を置いてみましょう。例えば他のことをしてみるとか、他の記事を書いてみるなどして時間を空けると、距離が開きます。要するに、自分が書いた文章でも他人が書いた文章のように接することができる精神状態になれれば十分です。

書いてすぐ読み返すと、頭の中のワーキングメモリ（作業台のようなイメージです）に主語や目的語、補語、あるいは修飾語と被修飾語の関係などが展開されたままになっているため、文章が不完全でも、ワーキングメモリ上の情報で無意識に補完してしまうため、すんなりと理解できてしまうことがあります。しかし、いったん頭の中をリセットしてから読むと、大事な主語が抜けていたり、目的語が抜けていたり、形容詞や副詞がどこに係っているのか曖昧であることに気づきやすくなります。自分のブログに記事をアップするような仕事であれば、いちいちスポンサーから厳しいチェックが入ることはないと思いますが、テキストファイルやWord形式のファイルなどで納品する仕事の場合は、発注者の厳しいチェックが入ると心得ておくべきです。

納品した記事の品質が良ければリピート発注に繋がり、発注者が単価アップを申し出てくれる場合もあります。逆に品質が悪いと、それがたとえ漢字変換ミスといったものでも、信頼を失います。その結果、次の仕事を発注してくれなくなり、たとえ発注してくれても、いつまでも低い単価のままといった処遇になります。そのため小さな記事でも、報酬を受け取る以上は商品であるという意識で推敲するようにしましょう。

意外と使えるワープロの校正機能

記事を作成したら、必ず距離をおいて（冷静になって）読み直すべきであるということを述べました。これは最も基本的なことなので、必ず実行してください。ところが、やはりチェックしているのが人間である以上、後から見ると、とても信じられないようなケアレスミスを行うことがあります。

例えば音引きです。「オペレーター」と書いておきながら、いつのまにか「オペレータ」となっていたり、「サーバー」が「サーバ」になっていたりします。これを「揺らぎ」と呼びます。同じ揺らぎでも、漢字の使い方に発生することもあります。例えば「下さい」と「ください」、「有ります」と「あります」の混在などです。

また、夢中になってライティングしていると、いつの間にか文体が変わってしまうこともあります。最初は丁寧な「です・ます」調で書き始めたにもかかわらず、文章に力が入ってくると「だ・である」調に変わっていることもあります。

もちろん、漢字の変換ミスや誤字脱字も意外に気づかないことがあります。それらをパソコンのソフトが見つけてくれたら、非常に助かりますね。そのような校正機能は、有名なワープロソフトであれば大抵は搭載されています。

例えば、記事の作成は軽快に作動するテキストエディターで行っていても、できあがった記事をワープロソフトにコピー&ペーストしてワープロソフトの校正機能を使うと、かなり精度の高い校正をしてくれます。

私も長文では、Microsoft Word の校正機能を利用することがあります。ワープロソフト上で校正を済ませたテキストを、再びテキストエディターにコピー&ペーストして戻し、テキストファイルとして納品するといったことも可能です。

第4章　どんな仕事があるのか

この章では副業ライターとして、具体的にどんな仕事があるのか紹介します。

ブログライター　難易度★☆☆☆☆　稼げる度★☆☆☆☆

皆さんの中には、ブログを運営されている方も多いと思います。ブログはＨＴＭＬという記述言語をコーディングして作成するホームページとは異なり、ウェブ制作に関する知識がなくても、ブラウザ上から投稿フォームを利用して文字を入力するだけで、気軽に記事をインターネット上に公開できます。この手軽さが、ブログを普及させた理由でしょう。

ブログで取り上げられている内容といえば、日記やエッセイ、あるいはその日の食事記録、ニュースの解説や趣味の報告、ペットの記録、株やＦＸなどの投資記録など、実に多彩です。中には小説や研究記録などといった、凝ったものもあります。それにしても普段文章を書かないような人でさえ、ブログであれば５００文字から１０００文字程度の記事を気楽に書けるのは、おもしろい現象です。

ところで、この気楽に投稿できるブログが収入になったらどうでしょう。ちょっとおいしくないでしょうか。ブログを書くことで収入を得ている人を、ブログライターと呼びます。そしてこのビジネスモデルは、「ブログライター型アフィリエイト」や「ブログ記事型アフィリエイト」、あるいは「エントリー型アフィリエイト」などと呼ばれています。仕事内容は至って簡単で、条件としては自分のブログを持っていることくらいですが、ブログは誰でも無料で開設できるので、これさえあえて条件として挙げる必要があるかどうか迷うくらいです。

　では、どうすればブログライターになれるのでしょうか。それは非常に簡単です。すでに紹介したブログアフィリエイトサイトやブログライターサービス、あるいは単にブログライターサイトなどと呼ばれる仲介業者に、ブログライターとして登録するだけです。先に紹介した以外にも「ブログライター」で検索して探してみてください。登録するにあたっての条件は前述のとおり、自分のブログと報酬の振込先口座を持っていることくらいです。

　登録すると、原稿作成依頼がメールで配信されます。あるいはマイページにログインすることで、いつでも募集中の案件を確認することができます。書けそうなテーマを見つけたら、自分のブログに記事を投稿します。また、忙しい時は作業をする必要がありません。月に何記事以上作成するといった制約もないので、マイペースで行える副業です（一定期間投稿がないと、案件の紹介メールが停止されるブログアフィリエイトサイトもあります）。

ただし、記事を作成する際に簡単な制約があります。ブログの記事の中に、指定されたキーワード（会社名や商品名など）や画像を含めること、あるいは指定先のＵＲＬにリンクを張ることなどです。しかし、記事の内容は比較的自由です。そして記事を投稿したことを報告し、条件がクリアされていれば報酬が支払われます。

記事も２００文字以上、といった非常に緩い条件からあります。ブログで２００文字といえば、非常に短い部類に入りますね。意識しなくても、書き出したらあっという間に超えてしまう文字数です。Twitterの文字制限である１４０文字より少し多い程度ですから、慣れてくればつぶやくように書けるでしょう。

単価は文字量や内容によりさまざまですが、２００文字程度であれば、１記事50円から２００円程度が相場だと思います。文字数が増えれば４００円以上といったものもあるようですが、単価は決して高くはありません。

また、ブログ記事の文章も特に上手な必要はありません。なぜかというと依頼主は、別に投稿された記事が上手か下手かといったことを重要視しているわけではないからです。必要なのは、指定のURLにリンクを張っているかどうかということなのです。つまり依頼主は、バックリンクサイト*10と呼ばれるものが欲しいのです。

これはSEO（第6章参照）として重視されていることで、あるサイトが検索エンジンに評価される、つまりヒットした際にどれほど上位に表示されるかということを評価する条件のひとつに、被リンク数や被リンクの質というものがあるといわれているためです。

このように、投稿したブログの用途がわかれば、一見低い単価も妥当なものだとわかります。またブログライターには、ライティングとは呼べないほど簡単な作業のものもあります。それは、ブログアフィリエイトサイトに紹介されている広告主企業のプレスリリースの文章を、コピー&ペーストするだけでよい、というものです。さすがにこれだけ作業が容易だと、単価も1記事あたり30円程度と低いですが、文章を作成するのが遅い人にとっては、コピー&ペーストをより多くこなした方が時間あたりの収入が上がるといった逆転現象もあり得ます。ただし、コピー&ペーストした記事ばかりのブログにしてしまうと、スパムブログであると見なされ、ブ

***10 バックリンクサイト**
メインのサイトへのリンクが設定されているサイト。バックリンクは被リンクを示す。検索エンジンは、多くのサイトからリンクされているサイトを、より重要なサイトと判断する基準のひとつにしているとされ、このバックリンクサイトが多いサイトほど、検索エンジンから高い評価を得られると考えられている。つまり、バックリンクサイトが多いことが、検索された際により上位に表示されるサイトの条件のひとつであるとされている。

ログ運営会社からアカウントを削除されたり、他のブログアフィリエイトサイトが投稿記事の審査に訪れた際に退会させたりすることもあるので、注意が必要です。

以上のように、縛りが非常に緩く、参加することが容易なブログライターは、副業ライターの入門者向けの仕事といえます。ただし、最近はブログライターの案件が減少傾向にあるようなので、なかなか良い案件が見つからないこともあり得ます。

また、ブログライターの仕事は単価が上がる可能性がほぼなく、副業ライターとしてのスキルアップや仕事の広がりも見込めません。ですから、より単価の高い仕事を目指したいという副業ライターの方には、ブログライターはお勧めしていません。

ところで、ブログライターに似た職業にプロブロガーがあります。ブログライターとプロブロガーは、自分のブログを運営しているという点では同じですが、作業内容は異なります。

そこで、プロブロガーについても簡単に紹介しておきます。

ブログライターが、スポンサー（広告主）の意向に沿った記事を投稿していることに対し、プロブロガーは基本的に運営者自身が書きたいことを投稿しています。

書きたいことというのは、運営者の専門分野や趣味に関するコラムであったり、日常の発見であったり、あるいは時事問題や流行の現象を独自の切り口で解説する記事であったりします。

そのような記事を投稿しているブログに、クリック保証型広告や成果報酬型広告を貼りつけたり、あるいは固定した料金のバナー広告を掲載したりして、プロブロガーは収益を得ています。

同じ広告を掲載しているのですが、ブログライターはスポンサーが要求する記事を投稿して広告を掲載しただけで収益が発生するのに対し、プロブロガーの場合は広告がクリックされたり、広告経由で商品やサービスが売れるなどしなければ収益が発生しません。ただし、掲載料という定額収入を受け取ることもできます。

そのため、ブログライターではアクセス数や広告の効果に関係なく収益が発生しますが、その金額は非常に小さくなります。

一方、プロブロガーの場合はアクセス数や広告の効果により収益が変わりますので、まったく収益が発生しないリスクがあると同時に、労力をはるかに上回る収益を得られる可能性もあります。

そのことから、プロブロガーはアクセスを増やすためにさまざまな努力を行います。記事の内容を面白くしたり、記事のタイトルをキャッチーにしたり、あるいは投稿する記事の本数を増やしたり、ＳＮＳなどの外部からのアクセス流入を増やすための仕掛けを施したりします。さらにはネット上で話題になる行動をしたり、イベントを催したりすることもあります。

プロブロガーの収入源は、基本的にブログ上の広告から発生する収益ですが、有名になれば寄稿や書籍の出版、セミナー開催や講演会への登壇、テレビやラジオへの出演などもあり得ます。逆に、既に有名であるためにブログから収益を得られている場合もあります。

リライト　タイプ1　難易度★☆☆☆☆　稼げる度★☆☆☆☆

もう１つ副業ライターの入門者向けといえる仕事が、リライトです。

リライトには２つのタイプがあります。１つは、著作権を回避するためのリライトです。これはアフィリエイト用のサイトに使う記事の作成で使われることが多いのですが、早い話がパクリ記事をパクリと気づかれないようにする仕事です。

したがって、いわゆるネット上のクズ記事とかゴミ記事などと呼ばれる記事を作成することに荷担する可能性もありますので、こちらのタイプのリライトはあまりお勧めできない仕事です。

しかし、決して手を出してはいけないとも言えません。それは、実績がまったくない初心者でも簡単に参入できる仕事であるためです。実際、私も副業ライターとして初めて受注した案件が、このタイプのリライトでした。

また、このタイプのリライトで身につけた書き換えのスキルは、後日ライターとして役に立ちます。このタイプのリライトは元となる原稿が提供されるので、ゼロから書き起こす必要がありません。その意味からも、入門者が参入しやすい仕事であるといえます。

こちらもブログライターと似たような単価の相場ですが、文字数は若干多めになる傾向があります。具体的な例としては、納品する記事の文字数が６００文字以上で、１００円から３００円が標準的な報酬です。これらのリライトされた記事の用途は、バックリンクサイト用の記事として使用される場合と、メインサイトの記事に使用される場合とがあります。

ところで、このタイプのリライトとはどのような作業でしょうか。リライトの仕事を受注すると、発注者から元記事が提供されます。その提供された記事の内容を変えずに文章（つまり表現方法）を変えて（書き換えて）、納品するという仕事です。

こちらは大抵５００文字ほどの元記事が、セット単位で入稿されます。１セットは20～30記事前後が通常です。

なぜ１セットが20～30記事とされているかというと、これが１つのテーマで作られるサイトの、標準的なページ数（項目数）だからです。例えば『職場でできるダイエット』といったテーマのサイト（ホームページ）を作るには、20～30の項目別、例えば『仕事中の姿勢で痩せる』や『30分に１度のストレッチ』といった項目ごとのページで構成されます。そのためにリライトの発注も、１つのテーマのサイトを構成するのに必要な項目数、つまりページ数が記事数となるわけです。

そしてその５００文字程度の元記事をリライトして、７００文字前後の記事に膨らませて納品することが一般的です。記事を膨らませる方法はいろいろありますが、表現をより丁寧にしたり、難しい用語がある場合は説明を追加したり、記事に対する自分のコメント（感想など）を追加したりすることなどが挙げられます。

リライトの仕事が入門者向けというのは、すでに元記事があるので、ネタであるテーマ、コンテンツを考える必要がない、という気楽さがあるためです。この仕事では、いかに類語のボキャブラリーがあるかとか、多くの表現方法（言い回し）を使いこなせるかといったことが、作業の速さに影響します。

また、このリライト作業は納期がそれほど厳しくありません。30記事を1週間で納品すると単価が上がる、振込手数料を負担してくれるなどの優遇をされることがありますが、実際には作業者の希望する納期に合わせてくれることがほとんどです。

発注元からはリライトのマニュアルが提供されることが多いので、あまり心配する必要はありません。そのマニュアル通りに作業すれば、まず問題ないでしょう。注意すべきは、オリジナルの文章が残っていないことです。

では、実際にリライトをしてみましょう。リライトには多くのテクニック、手順がありますが、その中でも最も頻繁に使用されるのは、類語への置き換えと、語順の入れ替えです。例えば、次のような元記事があったとします。

私は都内で働く会社員で、編集の仕事を行っています。

短いですね。実は、短い文章ほどリライトは困難です。長い文章ほど言い回しを変えることは簡単です。

さて、この元記事をリライトしてみました。

会社員として編集業務に携わっている私の勤務地は、都内です。

いかがでしょうか。他にもいろいろなバリエーションが考えられますが、注意点としては、語順を変えているということと、用語を置き換えていることです。主語は「私は」から「勤務地は」に置き換えられています。また、元記事で「働く、仕事を行って」といった用語が、リライト後には「勤務、携わって」と置き換えられています。特に発注者は、語順が入れ替わっていることを重視します。

具体的な例を示してみましたが、最も良いのは、1度読んで理解した文章を自分の言葉で書き直してみる、ということです。それが一番自然な文章になります。

それでは、１つの記事をリライトしてみましょう。以下は提供される元文例です（この例文は、私のブログから引用したオリジナル記事です）。

〈行政書士とは〉

行政書士は、役所に提出する各種申請書類の作成や提出手続きを代行することができる、行政書士法に基づく国家資格を有した者です。

社会が複雑かつ高度化すると、生活をする側も高度の知識を必要とし、また多くの専門的な書類の作成が発生します。

そこで、これらの知識の習得や書類の作成を専門家である行政書士が代行することで、私たちが生活する上で行政上の権利や利益が効率よく守られることになります。

行政書士が代行して作成したり提出手続きの代行を行う書類のほとんどが許認可に関わるもので、なんと1万種類を超えるとも言われています。その書類の提出先は、官公署であり、例えば各省庁、都道府県庁、市役所、区役所、町役場、村役場、警察といったところを示します。

例えば車庫証明手続きをするとき、畑に家を建てたり駐車場にしたりするとき、店を開店したいとき、会社を作りたいときといった時には行政書士に相談することをお勧めします。

また、権利や義務に関する書類の作成も代行します。例えば、遺産分割協議書、念書や示談書、告訴状や告発状、陳情書や上申書など、他にも多くの書類の作成の代行を依頼できます。

また、遺言書の作成、契約書などの作成、公正証書の作成なども依頼できます。

さらに各種手続きの代行も行いますので、相続手続き、債権や債務の手続きなどの代行を依頼することができます。

このように、私たちが生活していく上で、行政に関わるあらゆる手続きについて、相談できる心強い味方と言えます。

例題は３００～５００文字程度の記事であることが多いですが、このサンプルは６２０文字あります。この記事の内容は変えずに文章を書き換えて、若干文字数も増やした記事に仕上げます。リライト後の文字数についても指定されていることが多いので、指示内容はしっかりと読んでおきましょう。せっかくリライトしても、指定の文字数を満たしていなければ受領されません。

では、前出の元記事をリライトしてみましょう。

行政書士とは国家資格を有した者を示し、行政書士法に基づき役所に提出する各種申請書類の作成や、それらの書類の提出手続きを代行する事ができます。

役所に提出する書類には、専門的な知識が無ければ作成することが困難なものが多くあります。これは社会が高度化していることによります。

しかし私たちが生活していく上で、行政上の権利や利益を守らなければならない場合があり、そのようなときにはこれらの専門的な知識を必要とする書類を作成する必要が生じる場合があります。

そのようなときに、私たちには作成が困難な書類作成の代行を依頼できる専門家が、行政書士なのです。

行政書士は、1万種類を超えるとさえ言われている書類の作成や、それらの書類の提出手続きを代行することができます。

これらの書類は各省庁や都道府県庁、市役所、区役所、町役場、警察などの官公署に提出されるものです。

ですから、私たちが生活する上でも行政書士に相談する機会は多く、例えば会社を作るとき、店を開くとき、畑を駐車場に変えたり、あるいは家を建てたりするとき、そして車庫証明手続きを行うときなどと様々な機会があります。

他にも行政書士が代行して作成する書類には、権利や義務に関するものもあります。上申書や陳情書、告発状や告訴状、示談書や念書、あるいは遺産分割協議書などがそれに該当し、これらもまた、行政書士に依頼することができます。

さらに依頼できる書類として覚えておきたいのは、公正証書の作成や契約書、遺言書などです。

そして行政書士には、書類の作成ばかりでなく、債権や債務の手続きや相続の手続きといった各種手続きの代行についても依頼することができるのです。

以上の様に、行政書士とは、私たちが生活していく上で関わるあらゆる行政手続きについて相談できる、非常に頼もしい専門家と言えます。（７５７文字）

いかがでしょうか。内容は変えずに文章は別のものになっています。また、文字量も若干増量しました。このようにリライトした記事をテキストファイル（大抵は1セット分のテキストファイルをzip形式に圧縮した1ファイル）として納品します。

そしてリライトの仕事のメリットは、いったん信頼を得れば、納品する度に次の案件が間髪入れずに発注され続ける場合が多いということです。つまり、こちらから断らない限り、仕事が途切れないことが多いのです。

また、リライトはこなすほど確実に速度が上がり、ブログライターと違って毎回案件を探す手間もかからないので、ブログライターよりも効率よく稼げる仕事であるといえます。

リライト　タイプ2　難易度★★★☆☆　稼げる度★★★☆☆

もう1つのタイプのリライトは、高度なライティングスキルが要求されます。このタイプは、文章に慣れていない人が書いた原稿をプロの文章に書き直す仕事です。

例えば、営業マンが作成したプレゼン用資料のリライト、広報部の人が書いたPR文書をプレスリリース用の魅力的な記事に仕上げるリライト、あるいは文章を書き慣れていない著者が書いた原稿を書籍として通用する構成と文章に書き直すリライト、などがあります。

また、インタビューの音源から起こされた文字原稿を、インタビュー記事の体裁に書き直したり、場合によっては書き起こしたりする仕事があります。

このタイプのリライトは、プロのライターとしての技術を要求されますので、報酬はぐんと高くなります。例えば文字単価数円~数十円です。イラストや画像が多くて、1ページに数百文字しか文章が記載されていないプレゼン用資料でも、10ページで10万円等という案件もあります。

また、文章を書くことに不慣れな著者が書いた（あるいは口述筆記した）原稿を書籍用の原稿に整えるリライトでは、1冊30万~50万円の報酬になることがあります。

このように、リライトといっても仕事の内容にはかなり難易度の差があります。同時に報酬額もかなり異なってきますので、受注する際には注意してください。

ウェブサイトライター　難易度★★★☆☆　稼げる度★★★☆☆

実はウェブサイトライターという用語は、おそらくありません。これは私が狭義のウェブライターとして区別するために、「サイト」という用語を追加した造語です。ウェブサイトライターは、ウェブライターの中でも特にウェブサイトに掲載される記事のライティングを行うライターです。その意味で、最もウェブライターらしい専門性が問われる分野と言えます。その分、単価も比較的高めになってきます。

仕事の内容としては、あるサイトの全体、あるいはサイト内の一部のコーナーについての文章作成を、一括して任されると考えてよいでしょう。例えば、「ペット保険の基礎知識」といったテーマのホームページ丸ごとであるとか、あるいはそのホームページの中の「猫の主な病気」といった特定のコーナーについての記事をすべて作成する、といったことが考えられます。

また、決められたテーマに関するサイト構成の企画から全ページの執筆まで任されるといった、まとまった文章量を請け負う場合もあります。例えば「株式投資入門」といったサイトを企画構成案の作成から、実際の記事執筆まで丸ごと請け負うといったイメージです。もちろん、発注者から「メタボリックを防ぐ生活方法」といった具体的なテーマが提示され、さらに各ページのタイトルまで決められている場合もあります。

作成するウェブサイトの使われ方はいろいろです。企業案内のようなサイトのトップページとして使われる場合もあれば、アフィリエイトや販売活動のための客寄せコンテンツとしてのお役立ちサイトとして使われる場合もあります。

いずれにせよ、読み物としてはより完成度の高いライティングの質が求められる分野です。当然文章量も、今まで紹介したブログライティングやリライトの仕事に比べると、格段に増えます。それに比例して、得られる収入もまとまった額になってきます。ブログライターなどが数千円といった単位から支払われることが多いのに対し、ウェブサイトのライティングは、数万円から支払われることが増えます。これくらいの額になってくると、いよいよ本格的な、つまり生活の足しになる程の副収入を得ている、という実感が得られます。

納期については、公開予定が決まっていて、後作業（ウェブサイトのデザインやコーディングなど）の日程まできっちり決まっている仕事の場合、かなりタイトな日程での作業を要求されるので、副業としては厳しい仕事もあります。そのため、受注する際は注意が必要です。一方、記事ができてから後工程の日程が決まるといった納期が緩い仕事も多くあるので、副業として受注しやすい仕事を選びましょう。

いずれにせよ、引き受けた以上は最後まで書き上げなければならないので、他の仕事で自信をつけてから受注活動を行った方がよいでしょう。当然、企画・構成案の作成から依頼される仕事については、アイデアをひねり出す努力も必要です。作業時間も多くかかり、大変ではあるものの、反面非常にやりがいのある仕事になります。また、納品した時の充実感も得られるでしょう。副業ライターとして活動を始めたら、ぜひとも目指してほしい分野です。

それでは実際の作業の流れを見ていきます。まず、先に紹介したライターの募集サイトやクラウドソーシングサービスをチェックするか、「ウェブライター」で検索するなどして、案件を探します。ウェブサイトライターもリライトと同じく、いったん信頼されるとリピート発注されることが多いので、できるだけ単価などの条件が良い案件を見つけましょう。

発注者によっては簡単な審査を行うか、これまでの実績を確認されることもありますが、初心者でも問題なし、というところもあります。ただし、まとまった量の文章を、読み物としての質を保ちながら執筆するので、簡単な仕事で実績を積んで自信を付けてから応募するのがよいでしょう。

ウェブライターの仕事は、発注者や案件によって依頼のされ方がさまざまです。細かな記事毎のテーマが指定される場合もありますが、ざっくりとサイト全体のテーマだけ指定される場合もあります。ここでは、サイト全体のテーマが指定された場合を想定します。

例えば、『レーシック手術の手引き』というテーマを指定されたとします。この場合まず発注者から、このテーマのサイト構成案を提出するよう要請されます。

そこで受注した人は、サイト構成案を作成して提出します。サイト構成案を効率よく作成する裏技については第6章で述べますが、例えば以下のような構成案を提出します。

【レーシック手術の手引き】
視力回復の原理
レーシック手術のしくみ
レーシック手術を受けた有名人
レーシック手術のリスク
レーシック手術に掛かる費用
レーシック手術で使える保険や医療制度は？
遠視や乱視、老眼は治せる？
手術後の注意点
レーシック手術の効果はいつまで続く？

構成案を提出すると、問題がなければ執筆開始の依頼がありますが、発注者から修正を要請されることもあります。「ちょっと方向性が違う」あるいは「インパクトが足りない」、さらには「ＳＥＯ的に弱い」などです。最後の「ＳＥＯ」については第６章で説明します。

構成案を修正してめでたく発注者から承認されると、実際に構成案に沿って記事を作成します。この時、書き出したら構成案よりも増えてしまった、といったことはあまり問題にはなりません。たいていの場合は歓迎され、増えた分を請求すればきちんと支払われます。

私など、「●●と○○は内容が似てしまったので、1つにまとめてしまいました」と項目を減らすこともありますが、特に問題にはなりません。発注者としても、実際に記事を書き出したら構成が補正されても、良いものになればそれでよい、といった程度の寛容さは持っているものです。

メルマガライター　難易度★★★☆☆　稼げる度★★★☆☆

ここでは、ちょっとこれまでとは雰囲気の違うライティングについて紹介します。

ある特定の人物（団体）が、複数の読者に一方的にメールを配信するのが、メールマガジンのしくみです。このメールマガジンは、個人でも気軽に発行することができるので、メールマガジンでアフィリエイトを行っている人も多くいます。また、ネットショップで買い物をすると、購入履歴のある人が自動的にそのショッピングサイトの発行するメールマガジンの読者として登録されることも多いので、多くの人がメールマガジンの読者経験はあるのではないでしょうか。

そしてこのショッピングサイト、あるいはメーカーなどから送られてくるメールマガジンの記事を執筆するのが、メールマガジンライター、あるいはメルマガライターと呼ばれる仕事です。メルマガライターの仕事は、セールスライターやコピーライターに似ています。依頼主が売りたい商品の紹介や、あるいはその商品を買いたくなるような情報について執筆することが多いためです。

時には直接商品を紹介しなくても、例えば月に1度発行されるメルマガなら、その月ごとの季節感あるエッセイを執筆するといった仕事もあります。ネットショップなどから配信されてくるメールを読めば、おおよその仕事内容は把握できますね。

このメルマガライターですが、意外に単価が高いことが特長です。1通あたり１０００円前後から、数千円くらいが相場のようです。もちろん、内容の専門性や文章量、発行頻度や発行部数などにより、単価の幅があります。

しかも、メルマガは定期的に発行されるものが多いので、一度評価されれば、定期的に仕事の依頼を受けることになります。いくつものメルマガを時間差で引き受けることができれば、かなりの収入が見込めます。

ただし、近年はメルマガの仕事が減少しているように思えます。これは、企業がコストダウンのために内製化したか、あるいはウェブコンサルティング会社やマーケティング会社などがマーケティングのコンサルティングやコンテンツ制作の一環として受注し、それらの会社内で制作しているのかもしれません。

一方、メルマガに似ている配信方法として、「ステップメール」の需要が増えてきています。ステップメールとはメールを利用したマーケティング手法の1つで、受信を許可したユーザーごとに決められたスケジュールに沿って、決められた回数のメールを順に配信します。

受信した側にとっては、メールマガジンのように途中から受信するのではなく、自分のためだけに最初から順にメッセージが送られてくるように感じられるため、見込み客との関係性を強化して自社商品やサービスの成約率を高めるのに効果的とされています。

このステップメールのライティングを受注すると、すべての回（ステップ）のメールの原稿を作成することになるため、まとまった金額になります。また、読者が自社商品やサービスを購入するように誘導するコンテンツを作成するため、難易度が高くなりますが、報酬もメールマガジンより高めになります。

また、これはメルマガライターに限りませんが、自分の得意分野や専門分野といったものがある人は、より単価の高い仕事を受注できる可能性が高まります。ぜひともチェックしておきたい分野です。

セールスライター・コピーライター　難易度★★★★☆　稼げる度★★★★☆

セールスライターという名称は、まだ一般的ではありません。募集では「セールスレターを書ける方」といった表現が使われることが多いようです。要するに何かの商品やサービスを販売する、または紹介するための文章を作成する人のことを示します。したがって、印刷媒体で宣伝広告や製品・サービスなどの紹介に関する文章一切を任される、コピーライターと呼ばれる職業と同じといってもよいでしょう。

また、「ランディングページ」のライティングの仕事が募集されている場合も、セールスライターが募集されていることと同義です。ランディングページとは、ウェブサイト上の広告をクリックしたときに移動した先、つまり閲覧者が「着地するページ」を示します。ＬＰ（Landing Page）やランペとも呼ばれます。

ランディングページの出来次第で商品やサービスの成約率が決まるため、セールスライティングやコピーライティングのスキルが重視されます。

セールスライターの単価はさまざまですが、一般的に高めです。また、価格の設定方法もさまざまです。ウェブサイトのページごとに単価が設定してある場合もあれば、ウェブサイト丸ごとでいくら、といった設定もあります。単発の仕事もあれば、継続的に発注される仕事もあります。

いずれにせよ、セールスライターの文章では商品を上手に紹介する必要があるので、ある程度の文章力やセールストークのセンスは必要です。

このように、セールスライターは少々ハードルの高い仕事になってきますが、その分単価も上がるので、自信のある人は挑戦してみるとよいでしょう。また、セールスライターはコピーライターとほぼ同じ意味ですが、印刷媒体でのコピーライティングとは、注意すべきことに多少の違いがあります。印刷媒体用の文章とウェブサイト上の文章の違いや注意点については、第6章で説明します。

コラムライター　難易度★★★★☆　稼げる度★★★★★

副業ライターの仕事を取り組みやすいものから紹介していますが、だんだん専業ライターのフィールドに食い込んできました。コラムライターは、コラムを投稿することで収入を得られる仕事です。もしかすると、このコラムを書いて収入を得るという形態が、最もライターらしいイメージがあるかもしれません。

実際、コラムライターにはプロのコラムニストと呼ばれる著名人も多くいますが、副業ライターが目指すのはそのレベルではありません。もちろん、腕に自信がある人はぜひとも挑戦してみる価値はありますが、まずは気軽にできる副業としてのコラムライターから始めるとよいでしょう。

コラムライターの仕事は、それこそいろいろなジャンルを対象としますが、実際に書くとなると、得意な分野でなければ続けるのは難しいものです。ですから、まずは得意な分野で応募してみることです。例えば外車については常に最新情報を持っているとか、ラーメンについては一家言を持っているとか、健康食品については試さずにいられないとか、スポーツならなんでも観戦している、といった具合です。

コラムライターの募集はたくさんあります。「コラムライター」で検索すれば、いろいろなジャンルでのコラムライターが募集されていることを確認できます。コラムライターを請け負う場合に注意しなければならないのは、発注者は同じテーマ、もしくは同じジャンルで、継続的に執筆を続けてくれる人材を探していることが多いということです。また、連載物が多いので、定期的に記事を納品できることが条件の場合も多いでしょう。

ですから、「このジャンルであれば相当引き出しがあるぞ」と言えるくらいでなければ、難しいこともあります。あるいは、「この分野なら勉強しながら書くのも楽しそうだ」と思えるジャンルであれば、継続できるかもしれません。

また、コラムというと社会派のオピニオン的なものをイメージする人もいるかもしれませんが、副業ライターが応募できるものでは、より実用的なテーマが多く募集されています。

特に昨今は、企業のオウンドメディア（オウンドメディアについては第5章で改めて説明します）で使用するコラムが多く募集されています。例えば筆者が実際に受注しているものでは、ビジネスマン向けのビジネスハック的なコラムや、経営者向けの経営ハック的なコラム、あるいはＩＴ商品を紹介しているサイトでのＩＴ製品のメリットなどを紹介するコラムなどです。

いずれも1記事で１５００から３０００文字の間のボリュームで、記事単価は７０００円から1万５０００円くらいが相場です。専門性が高い場合は、１記事で7万円前後の報酬を得られることもあります。

ただ、一度に発注される本数が十本から数十本、できれば１００本以上書いてほしいといった依頼もあるので、納期と自分のスケジュールに十分注意した上で受注するようにしましょう。

また、詳しくない分野のコラムを受注する場合は、かなり調べながら書く必要があります。例えば筆者は決してＩＴ関係に詳しいわけではありませんが、ＩＴコラム数十本といった仕事を定期的に受注していたこともあります。この仕事では、最初は参考となるサイトを読んでもＩＴ用語や技術的なしくみがさっぱり理解できず、まるで外国語を読んでいるようで頭を抱えながら執筆していましたが、それでも何度も大量の資料を読んでいるうちに、少しずつ理解が進み、数十本のコラムを書いているうちに、後半は書く速度が上がっていきました。

やはり詳しくない分野のコラム執筆は、かなり苦行じみた仕事になる可能性はあります。

ウェブマガジン　難易度★★★☆☆　稼げる度★★★★☆

これはコラムライターの一形態ともいえますが、ウェブマガジンのライティングという仕事があります。

ウェブマガジンは特定のジャンルやテーマに関する記事を、日々更新しているウェブメディアです。そのジャンルやテーマは実に多彩で、恋愛、結婚、ペット、環境、テクノロジー、医療、生活、経済、投資、経営、仮想通貨、旅行、芸能、家計、法律、オカルト、面白、社会、政治、宗教、ライフハック、心理、書籍、音楽など、ここには挙げきれないほどです。したがって、何かしら自分が得意とする、あるいは興味を持てるウェブマガジンが見つけられるといえます。

ウェブマガジンのライターは常に新しいネタを投稿することを求められ、クラウドソーシングで募集されていることはめったにありません。ほとんどは各ウェブマガジンのサイト上で、契約ライターもしくは専属ライターとして直接募集されています。

ウェブマガジンのライティングは、副業・本業にかかわらず、ライターにお勧めの仕事です。というのも、ウェブマガジンでは毎日大量の記事を更新していますので、常に多くの記事の投稿を必要としています。そのため、記事ネタもライターから提案することが歓迎されますし、投稿記事数の上限も決められていません（決めているメディアもあります）。

つまり、ネタさえあれば、ライターが稼ぎたいと思うだけ投稿できるのです。そのためウェブマガジンのライターとして登録されれば、他のライティング案件に空きが生じても、常に仕事で埋めることができます。

ウェブマガジンの報酬は募集ページでも公開されていないことがほとんどですが、おおよその目安としては１記事１０００～２０００文字程度で、２０００～

1万5000円くらいになります。

電子書籍・e-book　難易度★★★☆☆　稼げる度★★★★☆

近年、電子書籍やe-bookの原稿執筆案件が増えてきています。

「電子書籍とe-bookって、日本語と英語の表記の違いであって、同じだよね?」

と疑問を持たれるかもしれません。確かに本来の意味は同じです。

ところがクラウドソーシングなどで募集されている場合、電子書籍とe-bookは何となく使い分けられています。ずいぶんと曖昧な書き方になってしまいますが、明確ではないものの、その用途により呼び方が使い分けられているようなのです。

まず、「電子書籍」の原稿を執筆するライターが募集されている案件では、そのほとんどがAmazon Kindleや楽天Koboなどで販売するための、電子書籍の原稿執筆が目的です。そのため、読者は一般の人たちが想定されており、ジャンルやテーマも一般の人向けで、かなり幅広くなります。

一方、「e-book」の原稿を執筆するライターが募集されている場合は、マーケティングツールとしての電子書籍の原稿執筆が目的です。

マーケティングツールとしての「e-book」とは、企業が見込み客の情報（氏名や企業名、メールアドレスなど）を集めるために、それらの情報を登録することと引き替えに、無料でダウンロードできるＰＤＦなどを指します。特にＢ to Ｂ向けには、「ホワイトペーパー」と呼ばれることもあります。このＰＤＦには、顧客に有益な情報が記載されています。同時に、自社の商品やサービスを購入する可能性がある人が欲しがる情報でもあるのです。

例えば不動産投資のコンサルタント会社が、『相続税対策としての不動産活用』といった小冊子のＰＤＦを、無料でダウンロードできるようにするのです。

無料ですが、ダウンロードの条件として氏名や企業名、メールアドレスなどを登録してもらいますので、見込み客の情報を集めることができます。このようにして集めた顧客リストに、メールマガジンを配信したりセミナーやイベントに招待したりして、見込み客を成約してくれる客に育成します。このようなマーケティング手法をリードナーチャリングと呼び、近年企業が注力しています。

そのため、e-book の原稿を執筆できるライターの需要が高まっています。

このように電子書籍とe-bookは、似ているようで目的により使い分けられているため、報酬の相場も異なってきます。

電子書籍の報酬相場は、文字単価で1円前後です。例えば1冊1万文字前後であれば、原稿料は1万～2万円程度です。一方のe-bookは、文字単価が4～10円くらいと高くなります。1冊1万文字前後で、4万～10万円くらいです。

なぜこのような差が出るのかというと、電子書籍はそれ自体が1冊数百円から1000円前後の商品として販売されるため、仕入れコストを抑えたいわけです。もしかしたらまったく売れないかもしれない、というリスクもあります。

一方e-bookは、数十万～数千万円というビジネスのマーケティングツールであり、e-book自体で利益を出す必要がないので、広告宣伝費として多めの予算を用意することができます。このような事情があるため、報酬の差が生じるのです。

ブックライター　難易度★★★★★　稼げる度★★★★★

最後に紹介するのは、主に専業ライターが活躍している分野の、ブックライターです。ブックライターの仕事は、著者に代わって書籍の原稿を執筆する仕事です。ですから、書籍1冊を書き上げる力量が必要な仕事になります。もちろん書籍1冊といっても、いくつもの細かな章の固まりと考えれば、まったく歯が立たないというものでもありません。

ブックライターの募集を行っている場合、多くはビジネス書や実用書などです。例えば、自己啓発や投資関係の書籍などです。仕事の内容としては、著名な評論家、学者といった、いわゆる「先生」と呼ばれるような人や、起業家やコンサルタントといった人たちを表向きの執筆者とした、ブックライターの募集が多いでしょう。

執筆方法も1つではありません。一般的にイメージされるのは、表向きの執筆者に取材して書き上げる方法ですが、この方法は副業ライター向きではありません。かなりの時間や場所を拘束されるためです。一般的に200ページ以上の単行本1冊書き上げるためには、合計10時間前後のインタビューが必要といわれています。副業ライターのメリットは、時間と場所の拘束から自由であることなので、一定の期間に執筆活動に専念できるといった状態を確保できない限り、挑戦することには無理があるでしょう。

しかし、次のような方法で書き上げるブックライターの仕事であれば、チャンスはあります。それは、表向きの執筆者が著者となっている既存の出版物複数を元ネタとして、新しいタイトルで本を出す、という場合です。この手の案件も募集されているので、腕に自信がある人は、こまめに募集サイトをチェックしておきましょう。この方法であれば、元ネタの書籍を与えられるだけで取材は不要、という場合があるので、副業ライターでも参入する余地があります。

また、表向きの執筆者がこれまでに講演した内容を本にまとめる、という仕事もあります。この場合も、講演で使用した資料や講演内容の記録、あるいは音声情報を元に執筆でき、文章力と編集力があれば、決してできない仕事ではありません。

報酬は、原稿料として買い取りの場合がほとんどですが、まれに印税で支払われる場合もあります。その場合、表向きの著者が得る印税の何割かが割り当てられるのですが、増刷がかかった場合は不労所得になるので、売れ行きの良い書籍のブックライターの受注に恵まれた場合、思わぬ高額の副収入が発生することになります。

ブックライターは、副業ライターにとってはかなりハードルの高い仕事ではありますが、意外に需要が多く、まったくターゲットにできないものでもありません。

第5章

副業ライターの王道・
ウェブライターは何を書く？

テーマはさまざま

これまで副業ライターとしての仕事の種類について述べてきましたが、やはり主流となるのはウェブライターであるといえます。そこで、ここからはウェブライターの仕事を中心に見ていきましょう。

さて、このウェブライターですが、一口にウェブライターといっても、その仕事内容はバラエティーに富んでいます。多くの人が参加しているという意味ではブログライターが主流かもしれませんが、単価の高さや内容の高度さという点で見れば、狭義のウェブライター、つまりウェブサイトの記事を作成するウェブサイトライターが、最もウェブライターらしいといえそうです。

また、ウェブサイトライターといっても、企業のホームページを執筆することから、アフィリエイト用のバックリンクサイトを執筆することまで、その作業範囲はかなり広いものです。実はこのあたりのことは曖昧模糊としていて、業界に携わっている人たちでさえ、たまたま自分が担当している仕事内容をウェブライターの主流と見なしている可能性もあります。

そこで、「ウェブライターがライティングする対象は何か」ということについて、改めて見てみましょう。「ウェブライターとは、インターネット上で使用される文章を書く人のことである」といった定義を見ることもあります。間違ってはいないでしょう。しかし、お金を払ってまで作成を依頼する記事ということになると、ある程度分野も絞られてくるはずです。

結局、一部の企業案内や技術系の専門度の高いサイト記事を除けば、ウェブライターの需要の主流は、アフィリエイトサイトや販売サイト、あるいは販売サイトのバックリンクサイトの記事を作成することだといえます。したがって、そこで要求される記事のテーマは、何らかの形で販売に関係するものとなります。ただし、最近ではオウンドメディアと呼ばれる、直接販売活動に関わらない企業のウェブメディア用のライティング需要が増加していますが、それについては後述します。

それではインターネット上で販売されるものは何かと考えると、実にありとあらゆるものが商品として流通していることに思い至ります。つまり、ウェブライターがライティングの対象とするテーマは、インターネット上で販売されているあらゆる商品やサービスに関わることなのです。

ありとあらゆる対象があるとはいえ、需要がない、あるいは少ないテーマもあります。例えば、宗教、哲学、政治といった分野は、ないことはありませんが、少ないようです。一方、一見なさそうでも実際に需要がある分野には、歴史や経済、化学などがあります。歴史は、歴史関係の書籍やグッズ、あるいは観光地の紹介など、案外とあるものです。経済は、株式投資、ＦＸなど、証券会社が取り扱う商品の周辺記事として使われることがあるでしょう。そして化学では、やはり直接化学物質や技術を販売するというよりは、化粧品や医療品、健康グッズ、健康食品の紹介で利用される可能性があります。

需要が多い分野には傾向があります。最近であれば、前述した投資関連、家計、保険、金融、仮想通貨（暗号資産）、財テクなどでしょう。エコ関係も増えてきているかもしれません。また、インターネットで販売しやすいものはライティングの需要も多いわけで、個人の劣等感を解決する分野も多くあります。ダイエット、メタボリック、筋トレ、スポーツ、健康、サプリメント、美容、アンチエイジング、といった分野でしょうか。より差し迫った案件としては、脱毛対策、整形、レーシック手術といった分野も需要があります。さらに不景気への対策として、自己啓発、資格関係、お金儲け、副業といった分野も根強いと考えられますね。

ただ、インターネット上の商売は、その分野を急速に広げつつあることを考えると、これまではまずないだろうと思われていたテーマでも、需要が発生する可能性があり、今思いつかないような分野が今後は盛り上がってくる可能性も十分あります。皆さんがウェブライターに挑戦する頃には、本書執筆時には予想していなかった分野が旬になっているかもしれません。

要するに、得意分野を持つことは非常に大切であるものの、ウェブライターとしてはどんなテーマを与えられても、好奇心を持って調べながら執筆できる柔軟性が求められるといえます。

オウンドメディア用ライター需要の増加

ところで本書の初版時にはあまり注目されていませんでしたが、その後急激にニーズが高まり、ウェブライターが受注する案件としても増えてきたものに、「オウンドメディア（owned media）」のコンテンツ作成案件があります。

　オウンドメディアとはその名が示す通り、企業やブランドが「所有」するメディアを示します。メディアは印刷物からウェブサイト、メールマガジンなど多岐にわたりますが、ウェブライターが必要とされているのは、企業が顧客（あるいは潜在顧客）との関係性を構築するために配信するウェブ上のコンテンツです。

　主にコラム形式が多いですが、直接商品やサービスを紹介するのではなく、顧客に企業イメージや商品の必要性などをアピールする内容が多く、どちらかというと啓蒙活動に近い記事が求められることが多いようです。

　例えばダイエット食品を販売している企業のオウンドメディアとして、健康全般に関する豆知識コーナーや、季節ごとの旬の食材と栄養に関するコラムを掲載するなどの記事があります。あるいはＩＴ製品を開発・販売している企業が、顧客となり得る企業のシステム担当者向けに、さまざまなＩＴ製品の導入成功例を紹介するインタビュー記事や、最新技術に関する解説記事を公開することがあります。

　オウンドメディアで使用される記事は、企業が発注するため報酬が高めになる傾向があり、１記事２０００文字前後で、７０００円から7万円程度の単価の幅があります。発注される分量もまとまっており、10記事で１シリーズとなるテーマで書いてほしいといった依頼もあれば、１００記事から１０００記事ほどまとまった記事数のうち、できるだけ書いてほしい、といった依頼もあります。

例えばコンサルティング会社のオウンドメディア用に、「差が出るビジネス文書の書き方」といったテーマでシリーズ10回分のコラムを依頼されたり、ＩＴソリューションの比較サイトを運営している企業のオウンドメディア用に、さまざまなＩＴ製品のメリットについて２００記事以上のコラムを依頼されたりします。ただし、１記事４万〜７万円といった高額報酬の記事の場合は、月に２本までといった上限もあります。

このように、今後はオウンドメディア用のコンテンツのニーズが、ウェブライターの仕事として増えてくるかもしれません。より高単価な仕事をこなしたい人は、注目すべき分野だと言えます。

報酬はピンキリ

「ウェブライターの報酬はどのくらいでしょう？」という質問が、ネット上では盛んに行われています。そしてそれに対する私の回答は、これもまたネット上でなされているほとんどの回答と同じになってしまいます。

つまり、ピンキリです、と。単価でいうと、例えばブログライターであれば、１記事２００文字程度からで50円から３００円といったところでしょう。一見安いようですが、慣れてくると皆さんは1時間で何本の記事を作成できるでしょうか。計算すれば、おおよその時給が出てきますね。

またリライトの仕事も、１記事１００円から４００円程度です。リライトの場合は1記事６００文字から８００文字程度ですが、元記事がある分、テーマや内容で悩むことはなく、依頼されればすぐに作業に入れます。

ウェブマガジンの記事は、旬の面白い話題を追いかけてサクサクっと書ける楽しい仕事が多いですが、これらは1記事１０００から２０００文字程度で、単価は

２０００円から1万５０００円程度です。

対象とするジャンルも面白ネタから変わった商品、経済、テクノロジー、都市伝説や芸能、海外の変わった話、といった幅広い分野を対象としており、好奇心の旺盛な人には楽しい仕事となります。

ただし、ウェブマガジンのライターは、ライター名（ペンネームやハンドルネームでも可）を明記した署名記事が一般的なので、記事ごとにライターを募集していることは少なく、毎月あるいは毎週一定本数を書けることを条件として、長期間契約できるライターを募集していることが一般的です。また、記事のネタも発注者から依頼される場合と、ライターが探して提案する場合の両方があります。

既に述べましたが、企業のオウンドメディア用コラムでは、２０００文字前後の記事で単価は７０００円から7万円程度になります。オウンドメディア用コラムの性質上、堅めのテーマや内容、文体が基本で専門的な内容も多いので、執筆のための情報調査能力の高さが、仕事の速さに影響します。

また、ウェブサイトの構成案から任されるような仕事の場合は、一式いくら、といった報酬もあります。この場合は１案件数万円からあり、得意な分野なら短時間でこなせるでしょうから、その場合はかなり時給が高くなります。

ただ、いずれの仕事も、未知の分野で調べながらのライティングとなると、情報収集に時間がかかってしまうことがあるので、その場合は実質の時給が低下してしまいます。それでも、調べながらであれば未知の分野でもライティングができるという実績が評価されると、ライターとしての信頼が高まり、リピート率が上がるので、一仕事終える度に新たな仕事を探すといった手間がなくなります。

というのも、どの発注者も、一度実績を確認できた信頼できるライターは手放したくないのです。それは、発注者側も毎回新しいライターを探す手間や力量（品質）に関するリスクを負いたくはないからです。

簡単な仕事から始められるのが副業のいいところ

先に、ウェブライターが対象とするテーマはさまざまであることを述べました。これはどういうことかというと、何かしら自分が得意な分野、あるいは書けそうな分野が探せるということです。専業ライターであれば仕事を選ぶ余裕はない、という場合も多くありますが、副業ライターであれば仕事は選べます。この多彩なテーマや仕事の内容（ブログなのか、コラムなのか、サイト記事なのか）から、とっかかりやすい仕事を選べることも、副業ライターの利点です。

もちろん、好きな仕事ばかりを選んでいては仕事の幅も広がらず、単価も上がらないかもしれません。そして、いかにウェブ上では多彩な仕事があるとはいえ、あまり特定の分野にばかりこだわっていては、受注できる仕事が見つからない、といった事態もあり得ます。

しかしそうはいっても副業なので、経済的に切羽詰まっていなければ、やりたい仕事が現れるまで待つことも自由です。一方、「経済的に余裕がない」という人であれば、やはり新しいテーマに挑戦していく必要があるでしょう。

ただし新しいテーマをこなしていくと、その方法、つまり「知らないことでも情報を集めて書ける」というノウハウを身に付けられるので、一気に仕事の幅が広がり、「何でも書けそうだ」という自信にも繋がります。ウェブライターに限らず、ライターと呼ばれる仕事には好奇心と情報収集能力が問われるといわれるのは、このことを指します。この能力を身に付ければ、よほど専門的な内容の仕事でなければ何とかこなせそうだ、という自信が付いてきます。

もちろん、得意分野や好きな分野の仕事は優先して取るべきです。初めての発注者の仕事に応募する際によく聞かれるのは、「何か得意分野がありますか？」ということです。この時、これまでの実績を述べることも重要ですが、得意分野を持っているということは、仕事を依頼されやすい条件となります。

好きなことだけでもOK、ちょっと無理してもOK

より単価の良い仕事を選んでいきたいということであれば、得意な分野や簡単な分野ばかりではなく、少し背伸びが必要にもなります。例えば、バックリンクサイトを増やすことだけが目的のブログライターの仕事であれば、ひたすら好きなことを書いて、指定のリンクを張るだけでよいでしょう。ただブログライターでも、リンクを張ること以外に、指定のキーワードを文中に入れることが条件の場合もあります。これもＳＥＯの一環ですが、この場合は記事の内容は自由とはいえ、キーワードを自然に盛り込むために、多少の縛りは出てきます。

しかし多くの場合、ウェブライターに限らずライティングの仕事というものは、ほぼ発注者の用意したテーマやコンテンツに沿って記事を書くのが一般的です。そのため要求されているテーマの中に自分の得意分野がない場合は、自分にとっての未知のテーマに挑戦しなければならなくなります。

テーマの与えられ方もさまざまです。リライトについては、テーマどころか記事の内容まで決まっていますが、ウェブライターのように新規で文章を作成する仕事については、タイトルだけが決まっていたり、見出しまでが決まっていたりする場合もあります。仮であってもタイトルが決まっている場合は、すぐにでも情報収集やライティングに取りかかることができますが、おおまかなテーマだけが用意されている場合は、サイト構成案や見出し構成案を提案する必要があります。

例えば、「外反母趾対策グッズについて30記事程度書いてください」という具体的なテーマの場合でも、記事ごとのテーマは自分で決めなければなりません。また、「今話題になっている女性の健康について、何かテーマと構成案を考えてください」といった、おおざっぱな要請もあり得ます。この場合は、サイト全体のテーマから提案する必要があります。

他にも、発注者から得意分野を聞かれた上で、テーマを一緒に探すことがあります。私が初めてウェブライティングの仕事を受けた時は、このタイプでした。発注者はすでに温めているいくつものテーマの中から、私が得意なものを選び出して発注するために、何度かメールで打ち合わせを行い、その中からいくつかテーマが与えられました（つまり、初めてでいきなり複数の案件を依頼されることもあるのです）。このようなときでもウェブライターの場合は直接会う必要はなく、メールで意見交換をしながら企画を固めていく、という方法が取られます。ただし取材が必要なライティングになれば、取材先に出向く必要もあるので、あくまで在宅での副業を希望している人は、依頼内容や発注条件をよく確認してから受注してください。

いずれにせよ、ウェブライターを続けてより単価の高い仕事を求めていくと、遅かれ早かれ、未知の分野に挑戦しなければならなくなるので、好奇心とチャレンジ精神、情報収集の努力を厭わない心構えは必要といえます。

知らないことでも書けるもの

ウェブライターは、依頼主の要望に添ったタイトルやテーマで記事を書けなければならないことを述べました。では、どうやって知らないことを書くのでしょうか。

まずは情報収集を行うことです。現在はインターネットで情報を集めることが容易なので、タイトルやテーマに関連していると思われるキーワードやキーワードの組み合わせで、どんどん検索してみることです。ヒットしたサイトを片端から読んでいくと、大体の雰囲気は把握できます。そこで役に立ちそうなサイトを記録するなり、記事をコピーして集めておくなりして、どんどん記事のネタを集めていきます。

この時注意が必要、というより、絶対にやってはならないのは、文章をそのままコピー&ペーストして原稿を作成してしまうことです。どうしてもパソコン上で文章を作成していると、いわゆるコピペが容易にできてしまうので、後で書き直すつもりでも、うっかりそのまま使ってしまうこともあります。ですから、絶対に記事を作成する際は、自分の文章を作成しましょう。ただし、引用元を明らかにした上で使うことは容認されることが多いです。

また、意外と忘れられがちなのは、書籍という情報ソースです。これだけ多くの情報がインターネット上に氾濫し、しかも瞬時に検索できるという利便性があるにも関わらず、未だに書籍という情報ソースはより格が上だと思います。それは、インターネット上の情報が玉石混淆であり、ほとんどが第三者のチェック、特にプロの編集者のチェックを受けずに公開されたものである、という状況があります。

それに比べて書籍は、執筆段階から「有料で販売するコンテンツを作成しているのだ」という意識が書き手にもありますから、インターネット上の記事ほど気軽に書かれていないということがあります。また、プロの編集者や校閲者の手を経ていることも、品質を高めています。

さらに書籍の場合は、一度印刷して配布されてからでは間違いを正せない、という慎重さも加わります。インターネット上の情報に誤りがあった場合は瞬時に訂正できますが、1度販売されてしまった印刷物を回収して差し替えるということは、不可能だからです。

また、書籍は執筆者も限られています。インターネットであれば誰でも記事を公開できますが、書籍、それも商業出版物である場合、誰の原稿でも本になるというわけではありません。つまり、執筆者選びの段階でふるいにかけられているのです。これらの制約が、書籍をインターネットよりも格が上の情報ソースとして成り立たせているのだと思います。

もちろん書籍にも善し悪しはあるので、書籍であればすべて良いということはありません。しかし、書籍は1つのテーマをより深く掘り下げて執筆されたり編集されたりしているので、参考文献としては、より深みのあるものとなり得るのです。

ところでウェブサイトのライティングの仕事では、参考資料として書籍を購入した時、書籍代を発注者に請求できる場合があるので、受注時の条件を確認しておくとよいでしょう。この場合、購入した書籍は発注者に渡すことはまずなく、そのまま執筆者の所有物となることが多いので、稼ぎながら書籍や知識も手に入るのだと考えると、得をした気分になれますね。

それからもう1つの情報ソースがあります。それは人です。通常、副業ライターは在宅ワークを意味する場合が多いので、人への取材はあまり行いませんが、もしも知り合いや身近な人にその分野に詳しい人がいるなら、せめてどのような情報ソースがあるのかとか、どんな記事のテーマがあり得るのか、といったヒントくらいはもらってもよいでしょう。行き詰まった時には気心の知れた相手と雑談でもしてみると、意外なヒントが飛び出してくることもあります。

書いた記事はどうなる？

ウェブライターにとっての仕事が、実に多岐にわたることがわかってきました。それでは、それらの仕事で作成した記事は、どのような目的で使用されるのでしょうか。そのことを大まかにでも知っておけば、単価の妥当性に納得し、ライティングを行うにあたっての心構えを得られるなど、役に立つこともあると思います。簡単に紹介しておきましょう。

以下の説明でＳＥＯ[*11]という用語が出てきますが、第6章で詳しく触れます。ここではGoogleなどの検索エンジンでヒットした時、「一覧でより上位に表示されるための対策」と考えてください。

***11 SEO**
「Search Engine Optimization」の略で、検索エンジンが表示する検索結果において、より上位に表示させるための技術を示す。ただ、検索エンジンごとに検索結果の表示順を決める方式が異なり、また常に改良が加えられているため、SEOも常に手法の見直しが必要とされる。

まず、ブログライティングやリライト、あるいは簡単なサイトライティングの記事は、バックリンク用のサイトに使用されます。バックリンク用のサイトはサテライトサイトとも呼ばれ、これはメインのサイト、つまり販売サイトやアフィリエイトサイトなどのＳＥＯとして作成されるサイトのことです。メインのサイトが検索エンジンでヒットした際、より上位に表示されるには、そのサイトが他の多くのサイトからリンク（支持）されていることが条件のひとつといわれています。

販売サイトやアフィリエイトサイトでは、検索されてどのくらい上位に表示されるかで売り上げが大きく変わるので、メインサイトの運営者は、より多くのバックリンクが欲しいわけです。そこでお金を払ってでも、バックリンクを張ってくれるブログやホームページを増やそうとするのです。

そしてこの要請を請け負う業者がいます。あるいはメインサイトの運営者自身が発注者の場合もあり、リライトやブログライティングのライターを募集しています。

次に、ライターとしてはハードルが高い分単価が高い仕事では、メインサイト自体の記事に採用される場合があります。この場合もＳＥＯとして、キーワードを盛り込むことやキャッチーなタイトル作り、あるいは、これも検索エンジンに評価されやすいサイト構成を考慮しながら、ライティングする必要があります。もちろんメインサイトなので、内容も充実し、文章の質も高くなければなりません。そのためメインサイト自体の記事を作成する仕事は、ウェブライターとしてより高度な仕事となります。

もう1つの用途として、セールスページに使用されることがあります。セールスページとは、商品やサービスを販売するための、販売促進に使われるページのことです。このサイトの記事を作成するのは、ウェブライターというより、コピーライターの仕事に近いでしょう。ただし、印刷媒体やテレビ媒体で活躍しているコピーライターよりもＳＥＯを理解していることが必要となります。

例えば印刷媒体（ポスターなど）であれば、奇をてらった表現が人目を引くことがありますが、インターネット上では、「いかに検索してもらうか」ということが重要です。その情報を探す人が検索する際に、キーワードとして使うであろう用語を意識する必要があります。このあたりが、印刷媒体のコピーライターとウェブライターとの違いになります。

次に、企業などのオウンドメディア用のコラムとして使用されることがあります。

ここで使われる記事には、企業の専門性や信頼性、親近感などをアピールし、顧客との関係性を強めることが期待されます。そしてウェブマガジンに使用される記事には、アクセスを集めて滞在時間（閲覧者がサイト上にとどまる時間）を長くすることで、掲載している広告収入を上げる目的があります。

第6章

ちょっと上行く
副業ライターになろう

ウェブ向けのライティングとは

ライティングとは、とにかく文章を作成することではありますが、紙媒体とウェブサイト用とでは、注意すべき点が若干異なります。もちろん、文章を作成することには変わりがないので、共通して注意すべきことの方が多いのですが、ここでは特にウェブライターとして気を付けておきたいことを紹介します。

まず文章は、持って回った言い方や情緒的な文章、あるいは自分に酔ってしまっているような文学的表現は避けましょう。また、テレビコマーシャルで流れるような、あるいはポスターやカタログなどに使われるような、技巧的なレトリックもあまり必要ありません。

なぜかというと、インターネットでそのサイトにたどり着いた閲覧者というのは、何かしらの情報を（できれば早く）得たいがために、自ら検索するなどしてたどり着いているわけです。ですから、情報を求めてたどり着いた先で、文学的表現や技巧的な表現がされていても、イライラしてすぐに他のページに移動してしまう可能性が高くなります。

ウェブ上の閲覧は紙媒体の閲覧よりも、よりスピード感を持って軽快に行われています。また、情緒的な鑑賞よりも、実利的な情報収集が目的であることが圧倒的に多いと考えられます。ですからウェブサイト上の記事は、情報を求めてたどり着いた閲覧者にとっては、すぐに読める平易で簡潔な文章であることが必要です。また、検索エンジンに拾われやすいのも、そのような文章でしょう。

したがって、もう1つの注意点としては、深く読み込む必要がある文章よりは、ざっと眺めて何が書いてあるのかわかるような文章が好まれます。ウェブサイトの閲覧者は最初にざっと見て、「ああ、欲しい情報があるようだ」と判断すると、初めてじっくりと読んでくれる傾向にあります。

それでは、ざっと見てわかりやすい文章とはどんな文章かというと、**一文が短くて、主語が明確で、キーワードが適度にちりばめられている文章です。**

特にキーワードは大切で、例えば情報を求めている人が使うであろうキーワードが「美肌」なのに、わざわざ文章表現力を誇るかのように「透けるような肌」「生まれたての肌」「ふわふわ肌」などと表現を変え続けると、ざっと見た時にキーワードを拾いにくく、何より「美肌」というキーワードで検索しても抽出されません。

次に、ページの概念です。書籍や雑誌といった印刷物であれば、文章が長く続いても、ページをめくって読んでいくことが苦になりません。しかし、ウェブサイトの場合は、あまりスクロールしないでも読めるページサイズであることが理想です。また、別のページに移動する際にも、文章が継続しているよりは断絶している、すなわち話題が変わっている方が読みやすくなります。

つまり、ウェブサイトでページを移動することは、紙の本でページをめくることに比較して、連続性が期待されていません。ですからウェブサイト用の記事は、1ページで読み切れる文章量にまとめられることが理想的です。情報量が多く、どうしても大量の文章になるのであれば、複数のタイトルで分割して、ページが分けられるような記事の構成にしましょう。ただし、セールスレターの中には、あえて縦長で何度も何度もスクロールさせるサイトデザインも増えてきました。これは、閲覧者の「早く知りたい」という欲求を焦らすことで、商材を購入する衝動を強める効果が期待されているためだと考えられます。

そして情報の出し方ですが、もったいぶらずに冒頭から閲覧者が求めている情報を提示しましょう。読み進めてもなかなか欲しい情報にたどり着けそうもないと感じると、閲覧者はすぐに他のサイトに移動してしまいます。これが紙の本であれば、なかなか必要な情報が出て来なくても、予備の本を常時携帯しているわけではないので、気軽に他の本に読み替えることはできません。そのため、読者はしばらく辛抱して読み続けてくれるでしょう。

しかしインターネットでは、気楽にワンクリックで世界中の他のサイトに移動することができるので、求められているであろう情報を早めに提示し、さらに詳細や補足が欲しくなったら読み続けてもらう、という記事の書き方が理想的です。

他にも注意すべき点はありますが、最後に記事の構成について述べます。いろいろなウェブサイトを見ればわかりますが、ウェブサイトの構成は大体共通しています。つまり、階層構造を持っています。メインタイトルが掲載されているトップページがあり、その下に見出しごとのページがリンクされているといった構成です。

このようなサイト全体の記事を任された場合は、単なるテキストエディターよりも、アウトラインプロセッサー（アウトライナーとも呼びます）を利用するとよいでしょう。アウトラインプロセッサーを利用することで、全体の構成や階層構造を意識しながら、文章を作成することができます。「アウトラインプロセッサー」というキーワードで検索すれば、無料のソフトをたくさん見つけることができます。

知っておきたいＨＴＭＬの基礎

ブログライターやリライトを行う際には、ウェブ上の知識はほとんど必要ありません。ただし、ブログライターには記事中に指定の画像を貼り付けるなど、若干ＨＴＭＬの知識が要求される場合があります。また、ウェブサイトのライティングを受注する際、ウェブサイトの構造やＨＴＭＬの基礎知識を要求される場合があります。

最近のライティング案件で増加傾向にあるのは、「WordPressへの投稿が可能な人」といった条件が付いていることです。

WordPressとは、ブログを構築するソフトウェアのことで、無料のオープンソースとして世界中に普及しています。簡単な個人のブログでも利用されることが多いですが、ウェブマガジンやニュースサイトのように記事が頻繁に更新され、デザインが凝ったプロ仕様のウェブサイトの運営にも多く使われるようになっています。

　そのため、ウェブマガジンやニュースサイトのように更新頻度が高く、多くのライターで手分けして投稿するサイトの仕事では、いちいち記事ファイルをライターから発注者（の編集担当者）に納品するという手続きは煩雑であるため、各ライターが直接WordPressの投稿フォームに記事を投稿し、画像の貼り付けや見出しの設定、あるいはYoutubeなどの動画の割り付けなどを行います。そしてライターの編集が終わったことを発注者（編集者）に知らせるボタンをクリックして、納品が完了します。

　発注者（編集者）はライターから投稿作業済みの連絡を受けると、ライターから投稿(納品)された記事をWordPress上でチェックし、問題がなければインターネット上に公開するのです。

　このような納品方法は発注者（編集者）側にとって効率が良いため、更新頻度が高いコンテンツを扱うサイトを中心に増加傾向にあります。

　このようにライターがWordPress上で投稿から編集まで行う場合、どうしても初級レベルのＨＴＭＬの知識が必要になります。WordPress上の編集は、基本的にはブログに投稿するような感覚で直感的に作業できるのですが、予想外のレイアウト崩れが起きてしまった場合への対処や、直感的な操作ではかえって面倒になってしまうような編集を行う際には、ＨＴＭＬを直接いじった方が早いことがあります。また、直感的に操作できるにしても、裏側のＨＴＭＬ上でどのような変更がなされているのか、ということを理解できているかどうかによって、作業効率がずいぶんと変わってきます。

　したがって、このような運営方法を採用しているサイトの仕事を受注するためには、ライターといえどもＨＴＭＬの基本的な知識は必要になってくるのです。

　ＨＴＭＬとは〝Hyper Text Markup Language〟の略で、ホームページを作成したことがある人なら知っていると思いますが、ウェブサイトを記述するために定義されたマークアップ言語です。初めて聞く人にはわかりにくいかもしれませんが、要するにウェブブラウザで表示させる際のデザイン上、構造上の状態を制御するための言語です。

　本来ＨＴＭＬは、論理構造を記述するための言語として開発されたものですが、ウェブブラウザを開発する各社が、見栄えも反映させるための言語として扱うようになるにつれ、デザイン上の記述ができる言語としても発展してきました。例えば、見出しは<h1>と</h1>というタグで囲むとか、本文は<p>と</p>というタグの間に記述する、などのルールがあります。

今後、より単価の高い仕事を受注するために副業ライターとしての仕事の幅を広げていくのであれば、前述した通り増加傾向にあるWordPressへの直接投稿方式にも対応できるようになっておくと有利です。そのためにはＨＴＭＬの知識を得ておいた方が有利ですが、それほど構える必要はありません。WordPressへの投稿と編集でライターに求められるＨＴＭＬの知識は、非常に基礎的なことだからです。

ですから副業ライターとしては、ＨＴＭＬの入門書（本当に簡単な物で構いません）を1冊だけでも通読しておくことをお勧めします。中でも、簡単なホームページの作成練習ができるタイプの本がお勧めです。実際にＨＴＭＬを記述してみないと、なかなか理解できない部分もあるからです。

そしてWordPressに対するハードルを低くする最も手っ取り早い練習方法は、自身でブログを始めることです。自分のブログで投稿や編集（見出しを設定したり、リンクを張ったり、画像や動画を割り付けたり）ができるようになれば、WordPress

への投稿と編集も、ほとんどブログ感覚で対応できるようになります。ブログは、無料のブログサービスで構いません。どこのブログサービスでも、基本的な操作方法は同じです。

知っておきたいSEOの基礎

副業ライターとしてウェブライターを目指す時、知っておきたい知識がＳＥＯです。すでに何度か出てきましたね。ＳＥＯとは〝Search Engine Optimization〟の略で、「エス・イー・オー」と読みます。

「え、こんなことを知らないといけないの？」と思った人は、とりあえず安心してください。とりあえず、というのは、作成する記事の用途により必要度が変わってくる知識なので、例えば入門者用のブログライターやリライトの仕事などにはほとんど関係のない話になります。

しかし、ウェブサイト用の記事や、企画構成から任せられるレベルの仕事を受注しようとしている人は、ぜひＳＥＯについて知っておいてください。これは実際に経験したことですが、以前あるテーマのウェブサイトの記事構成案を提出した際、発注者から「もう少しＳＥＯ的に有効な見出しに変えられますか？」と修正案の提出を求められたことがありました。その時はうっかりＳＥＯの観点からの検討を行わないまま、記事構成案を提出していたのです。それで慌ててＳＥＯに対応した構成案に修正し、再提出したことがありました。

　このように発注者にとっては、サイト全体を構成する記事のタイトルがいかに検索エンジンに好まれるかが、とても重要なことなのです。

　ですから、できれば一度はインターネット上でＳＥＯについて調べて、いくつかのサイトから知識を吸収しておいた方がよいでしょう。本格的に知ろうとすると分厚い専門書を読まねばなりませんが、ウェブライターとして抑えておけばよい程度の知識なら、ウェブ上で公開されている知識で十分だと思います。また最近では、ウェブライターという仕事が注目されるようになったことから、ウェブライター向けにＳＥＯを解説した良書も出ているので、そのような本を1冊読んでおくこともお勧めです。

　さて、話を戻しますが、ＳＥＯを日本語では「検索エンジン最適化」と呼ぶことが多いようです。では、検索エンジンに最適化するとはどういうことでしょうか。

インターネット上で情報を探すとき、私たちはGoogleやYahooなどの検索エンジンを利用します。この時ヒットしたサイトは、リストとして表示されます。

ちょっと実験してみましょう。「ダイエット 食品」という複合キーワードで、Googleを使って検索してみます。画面にはさりげなくリストが表示されていますが、ヒット数を見ると「約1億３５００万件」となっていました（ヒット数は検索時期により変わります）。

約1億３５００万件です！ この中に、例えばあなたが運営しているダイエット食品のサイトがあったとしても、50万番目に位置しているのであれば、もはやこのキーワードの検索においては、あなたのサイトは存在しないに等しいということになります。誰も50万番目に表示されているサイトのことなど気に留めないでしょう。

一般的には検索者のほとんどは、上位20位までしか見ないといわれています。私などは上位20位どころか、画面に収まっている分しか見ないこともあります。スクロールすることも面倒くさいのですね。

それでは、検索エンジンはこの表示順をどのようにして決めているのでしょうか。

***12 アルゴリズム**
ある目的を達成するための手順に対する考え方。ここでは、検索エンジンが検索結果に優劣を付ける判断基準を示す。

それがわかれば、自分のサイトを上位表示させる方法が見つかります。

実はこの検索エンジン側のアルゴリズム*12は秘匿されています。公開すれば皆がＳＥＯに血道を上げて、肝心の内容をおろそかにしてしまう可能性があることと、差別化がなくなってしまうからだと思われます。

そこで、サイト運営者やＳＥＯ業者（注文に応じて、指定のサイトが上位表示されるようにコンサルティングや対策を行う業者）は、経験値を元に試行錯誤しながら、サイトをリスト表示する際の順序づけの根拠を研究しています。

これに対し、検索エンジン側も常に検索エンジンのしくみを改良しているので、いたちごっこになっています。それでもおおよそ有効とされているＳＥＯの工夫というものが確立しているので、各サイトはその工夫を可能な限り反映させたサイト作りを心がけています。有名なところでは以下のような工夫が必要とされています。少々専門用語が出てきますが、基本的なことなので目を通しておいてください。

●ＨＴＭＬとＣＳＳ*13を分離すること（つまり文書構造とデザイン上の定義記述は分離すること）

*13 CSS
Cascading Style Sheets の略で、HTML がウェブサイトの構造を定義しているのに対し、CSS はデザイン上の定義を行う。例えば、HTML で見出しと本文が構造的に定義された時、CSS はそれらの見出しと本文をどのような書体、サイズ、色、コラム幅などで表示するのかを定義する。SEO 上は、HTML と CSS が役割分担しているウェブサイトがより好ましいといわれている。

●metaタグ*14に本文にも使われているキーワードが記載されていること
●キーワードがサイト上位（文章前半）に表示されていること
●キーワードがサイト内の自然な文章の中で頻出していること。ただし不自然な頻出はスパム*15と見なされる可能性があること
●外部からのリンクが多いこと（それだけ多くの人から支持されているサイトと見なされる）
●更新頻度が適切であること
●文章のボリュームが一定以上あること

右の説明はかなりはしょっていますが、検索エンジンがそのアルゴリズムを改良している目的を考えると、案外ＳＥＯの肝がわかりそうです。つまり検索エンジン側は、「利用者に、より役に立つ有益な情報を公開しているサイトを、より重要なサイトであると判断する」ことを、自動的に検出しようと試みているのだ、ということです。ですから、より役に立つサイトを作ることさえ心がけていれば、結局はそのことが何よりもＳＥＯになるのではないかという考え方です。

***14 metaタグ**
HTMLドキュメント全体の情報（文字コード、文字概要、キーワード、CSSの有無など）を記述するためのタグで、ブラウザ上は表示されないが、検索エンジンは参照している。特に文書概要に記述された説明文は、Google等でリスト表示された際のサイト説明文として表示される。また、キーワードとして記述された単語は、検索エンジンがそのサイトの重要なキーワードとして参照するとされる。

例えば、私は時事問題を解説するブログを運営していますが、多くの記事が特定のキーワード検索で上位に上がっています。同じキーワードの検索で、１位と２位が自分のブログだったことも何度かあります。

しかしそれらの記事で、私は特別なＳＥＯは施していませんでした。ただ、より内容の濃い記事を書こうと心がけていただけなのです。それが、結果的には検索エンジンに評価されたわけです。

さて、このＳＥＯですが、テキストデータだけを作成するウェブライター側で対応できる範囲は、おのずと限られてきます。例えばＨＴＭＬのタグの使い方や、ＣＳＳの作り方、あるいは外部リンクの数などについては、ウェブライターの手に負える範囲ではありません。

では、ウェブライターが対応できる部分はどのあたりでしょうか。おそらく、キーワードの使い方や、タイトル・見出し・本文といった文書構造に対する配慮、タイトルや見出しにキーワードを含ませること、１ページ内の文章量がある程度のボリュームであることなどでしょうか。後述しますが、これらのことをサイトの構成案作成時に考慮しているかいないかで、ＳＥＯに強いウェブライターかどうかの差

***15 スパム**

メールなどで（特に営利目的の）情報を（繰り返し）無差別に送りつけること。また、Twitterで繰り返し同じ（特に営利目的の）メッセージをツイートしたり、ブログで何度もPING（コンピューターネットワークで接続を確認するプログラム）を送信したりする行為も指すようになった。英国のコメディー番組で客に周囲の人間がHormel Foods（ホーメルフーズ）社の缶詰商品 "SPAM"を連呼し、無理やりSPAMを注文させたコントが由来という説がある。

が出てきます。

ＳＥＯライティングとは

本書の初版や第2版が出版された当時は、ＳＥＯといえば、ウェブサイトのコーディング担当者や編集者側が仕掛け作りをすることであり、ライター側にできることは、編集者から指示されたタイトルや見出しに沿って、指定のキーワードをちりばめつつ記事を作成する程度でした。

しかし昨今は、記事自体がこれまで以上にＳＥＯを担うことが期待されるようになり、そのような記事を「ＳＥＯライティング」と呼ぶようになりました。

その結果、ＳＥＯライティングを理解しているライターが求められる機会が増えてきました。これは副業ライターも例外ではありません。実際に副業ライターの中には、自ら「ＳＥＯライター」を名乗る人も増えてきています。

そこで本書でもＳＥＯライティングについて言及します。ただしＳＥＯライティングは、それだけで1冊の本になるほど奥が深いテーマです。実際、ＳＥＯライティングを解説している本も徐々に出版されるようになってきました。

したがって、本書でＳＥＯライティングについて興味を持たれた方は、是非とも専門的に解説している本も読まれることをお勧めします。

改めてＳＥＯライティングとは何かを簡単に述べると、検索エンジンにおいて特定の検索結果で上位に表示されることを目指して記事を作成する手法です。

もちろん、競合が少ないキーワードであれば、単純に内容が濃い記事が上位に表示される可能性が高いのですが、競合サイトが多く存在する場合は、このＳＥＯライティングの手法で書かれているかどうかで、上位に表示されるかどうかが決まってきます。そのため、サイト運営者にとっては、ＳＥＯライティングを習得しているかどうかがライター選びの条件になっている場合もあります。

ＳＥＯライティングの最も基本的な考え方は、ユーザー（読者）にとってわかりやすく有意義な記事であると同時に、検索エンジンに評価されやすい記事を書くことです。

ちなみに「検索エンジン」とはGoogleを指します。Yahoo!を使っているという方もいるかもしれませんが、Yahoo!は２０１１年からGoogleの検索技術を利用しています。そのため、日本で「検索エンジン」といえば、Googleのことを考えればよいことになります。

それではＳＥＯライティングの基本を、10のポイントに分けて説明します。

●キーワードを重視したタイトルをつける

タイトルには、必ず頭か前半にキーワードを入れます。そのことでユーザーが検索結果を見たときに、知りたいことが扱われている記事かどうかをいち早く判断できますし、そのことを検索エンジンも評価します。

また、タイトルは30文字以内に収まるようにつけます。これも検索結果に表示された際に、重要な部分が途中から切れてしまわないためです。ただし、発注者から文字数が指定されている場合はそれに従います。スマートフォンでの表示を重視したサイトでは、文字数が少なめになることがあります。

●本文の早めにキーワードを入れる

記事の本文を書く際に、キーワードを意識していれば、自然とキーワードを重視した本文にはなります。しかし、検索エンジンにもそのことが伝わるようにするためには、コツがあります。

それは、キーワードを本文に入れる際も、タイトルのときと同様にできるだけ早めに入れることです。早めにキーワードが使われていれば、それだけユーザーも早く欲しい情報にアクセスできると評価されるためです。

ただし、本文全体に入れるキーワードは自然な出現回数にします。発注者から指定された回数があればそれに従います。特に指定がなければ、自然な回数で出現していれば十分です。無理に出現回数を増やすと、検索エンジンからスパムと見なされます。

●リード文（導入文）を入れる

タイトルの下にいきなり本文を始めるのではなく、リード文と呼ばれる導入部分を作ります。このことでユーザーは、これから読もうとしている本文に欲しい情報がありそうかどうかを判断しやすくなりますので、検索エンジンもリード文の有無で記事のユーザビリティ（有用性）を評価します。

●階層構造のある記事にする

検索エンジンは、記事に階層構造があるかどうかをHTML上のタグで判断しますので、ライターもＨＴＭＬの基本的な知識を持っている必要があります。

ただし、実際にライターがコーディング*16まで行うことはありませんので、コーディングされたときに階層構造が持たれることを意識して記事を書いておく必要があります。

つまり、タイトル、リード文、見出し、小見出し、本文の構造を明確にした記事を書くことです。これらが明確であれば、コーディングの担当者は階層構造を持ったＨＴＭＬを記述できます。

なお、ウェブマガジンやニュースサイトなどでライターが直接WordPressに記事を投稿する際は、ＧＵＩ（39ページ参照）上の操作で見出しや小見出しなどをライター自らが設定します。このときシステムの裏側では、ＨＴＭＬ上のタグ付けが行われています。

このことから、ライターもＨＴＭＬの基本を知っておいた方が役に立ちます。

●本文に共起語を含める

本文に共起語を適度に含めることで、検索上位を狙えます。

共起語とはキーワードから連想されやすい言葉です。例えば「仮想通貨」であれ

***16 コーディング**
主にプログラミング言語を使って、ソフトが正しく作動するためのソースコードの記述を行うこと。ウェブサイトを表示するためにHTMLを記述することもコーディングと呼ぶ。

ば、「通貨」「仮想」「確定申告」「ビットコイン」「所得」「税金」「取引」「方法」「計算」「取引所」「コイン」「利益」「資産」「解説」「情報」「暗号」「必要」「決済」「ＢＴＣ」「申告」「投資」「課税」「マイニング」「税理士」などです。

発注者から共起語が指定される場合もありますが、単に「共起語も含めてください」と指示された場合は、ネット上の共起語検索ツールを利用すると探すことができます。「共起語検索ツール」で検索すると、いくつかヒットします。なお、ツールにより抽出される共起語は異なります。

共起語をうまくちりばめることができれば、検索エンジンから評価されます。

●指示代名詞を使わない

指示代名詞とは「これ」「そこ」「あちら」「どれ」などで、「こそあど言葉」などとも呼ばれます。これらの指示代名詞は、検索エンジンには理解できません。また、読者にとっても不親切になりますから、多用すると検索エンジンの評価が下がります。したがって、可能な限り使わないようにします。

●曖昧な表現は使わない

うっかり多用しがちな形容詞や副詞に、「高い」「多い」「少なめに」「低く」などがあります。これらの言葉は読者の主観で尺度が変わってしまうため、検索エンジンからは信頼度が低い記事と評価されてしまいます。

例えば「Ａ社のオウンドメディアのライティングでは、文字数は少なめでしたが、報酬は割と高いですね」ではなく、「Ａ社のオウンドメディアのライティングでは、文字数は２０００文字以内でしたが、報酬は８０００円でした」と書く方が評価されます。

同様に、文末が「と思います」「でしょう」「かもしれません」などの含みがある表現では、検索エンジンに信頼性が低い記事だと評価されます。「だ」「です」のように断定している方が、信頼性の高い記事だと評価されます。

●オリジナリティを出す

どこにでもあるような内容であったり、紋切り型の表現を多用したりすると、例えまったく同じ文言の記事がなくても、検索エンジンからはコピーコンテンツの可能性があると判断され、評価が下がります。

記事の内容を濃くし、信頼性を高め、独自性のある切り口で書くことでオリジナリティを高めることができれば、検索エンジンから評価されます。

●専門性と権威性を高める

専門性の高い記事は検索エンジンの評価が高くなります。ただし、「専門性の高い」とは、難しい専門用語を多用するということではなく、１つのテーマを掘り下げているということです。

また、記事中に権威のあるサイトや文献を参照したと明記されていることで、記事の専門性と権威性が高まります。例えば官公庁の統計結果で裏づけられていることや、専門家の取材による裏付けがされていることなどです。

●ディスクリプションにキーワードを入れる

文字単価が高めの記事になると、ディスクリプションを書くことが要求される機会が増えます。ディスクリプションとはメタディスクリプション（meta description）と呼ばれることもあり、ウェブサイト上には表示されていませんが、検索結果に表示された記事タイトルの下に表示されるテキストです。

このテキストはＨＴＭＬ上ではメタタグとして、次のように記述されます。

<meta name="description" content="ここにディスクリプションが入る">

ディスクリプションも作成するよう指示される場合は、文字数も指定されること

がほとんどですが、指定されていない場合は１３０文字以内が良いでしょう。特にスマートフォンでの閲覧が重視される場合は、50文字前後が良いとされています。

ターゲットを想定して書く

ウェブライターに限らずライターと名が付く人たちは、文章を作成する際に、それを読む人がどのような属性を持った人たちなのか、ということを意識する必要があります。対象者を絞るという意味では、コピーライターの仕事が最も端的に示していると言えます。

ある商品なりサービスなりの販売を促進するために広告を打つ場合、そこに必要な文章は、その商品やサービスを購入する可能性の高い人たちを対象としている必要があります。

例えば女性用化粧品の広告文を作成する際、男性が読むのにふさわしいような文章を作成しては意味がないのです（逆手をとって、男性からプレゼントさせるために男性向けの文章にする、という手法が考えられなくもありませんが）。

　また、相手が女性でも、その化粧品を売りたい対象が20代なのか、40代なのか、60代なのか、といったことで、コピーライターは文体や内容を変えていかなければなりません。

　そしてこのことは、広告以外の文章にも当てはまります。極端な例で言えば、作業上の事故に関する報告書を作成する場合でも、それがクライアント宛てなのか、社内の上司宛てなのかでは、文体や内容がずいぶんと変わってくるはずです。

　また、書籍の文章でも、女性にモテたいと思っている男性をターゲットにした本と、販売戦略を練りたいと考えているビジネスパーソンをターゲットにした本とでは、おのずと文体が変わってきますね。ウェブライターが作成する文章も同様です。

　そもそも文章を書くことを要求された際、「誰が読むのか」ということが示されなければ、文体が決まりません。ですから、ウェブライターがライティングを行う時は、「どのような人たちが、どのような気分で読むのか」ということをできるだけ明確に想定した上で、作業に入るべきです。

ウェブライティングの注意点

「ウェブ向けのライティングとは」で触れた以外にも、ウェブサイトに使用する文章の作成には、印刷媒体にはない独特な注意点があります。

　例えば印刷物となった文章は、誰がどこで読んでも同じ書体、同じ文字サイズ、同じレイアウトで読むことになります。これは印刷というメディアでは、文字の形状や位置が紙に固定されるという特徴を持っているためです。普段は気にすることがない特徴ですね。

　しかしウェブサイトでは、閲覧する環境（ディスプレイサイズ、ＯＳ、ブラウザなど）により、書体や文字サイズやレイアウトが変わってしまいます。そこでライター側の作業でも、最低限以下のルールが必要となります。

●半角カタカナの使用禁止（文字化けの可能性あり）
●ＯＳや機種依存文字の使用禁止（丸囲み数字など）

●ローマ数字に記号を使わない（Ⅳは、記号1文字の「Ⅳ」ではなく、「Ⅰ（アイ）」と「Ⅴ（ブイ）」の組み合わせにするなど）

また、ウェブサイト用のライティングに限らず、文章作成時には注意すべきことがあります。文字化けなどの心配はないものの、文章全体で揺らぎやすい文字についてはルールを決めておく必要があるといったことです。

例えば英文字や数字を全角で入力するのか、半角で入力するのかなどは統一しておくことが必要です。同様に、コロン「：」やセミコロン「；」、中黒「・」、丸括弧「（）」など、すべて全角に統一する、などといったルールも必要です。

また、英文字を使用するか、カタカナを使用するかも悩ましいところです。例えば「ウェブ」にするか「Web」にするか。この辺りはどちらの表記がより多く検索で使われているかで決めることが、ＳＥＯにもなります。

さらに読者に呼びかける時、「あなた」と呼びかけるのか、「ご自身」と呼びかけるのかなど、執筆が長引くライティングになると混同してしまうことがあるので要注意です。

以上について、執筆開始前に規定が指示されていればよいのですが、ライター任せの場合が多いので、自分なりのルールを決めてからライティングを行うように注意しましょう。

記事タイトルから作成してみよう

ウェブサイト全体といった、ある程度まとまったボリュームの記事を作成する場合は、記事のタイトルや見出しから作成していくことが普通です。場合によっては、発注者から見出しまで決められている場合もあるでしょう。

そこで記事を作成する場合はいきなり書き始めるのではなく、まずは記事タイトルを書き出すことから始めます。条件によっては、記事タイトルが20~30以上必要という場合もあります。

もしもテーマが自分の得意な分野であれば、いきなり見出しを書き出すこともそれほど苦ではありません。とにかく思いついた項目を片端から書き出し、出尽くしたところで順序を決めていけばよいのです。

問題は、あまり知識がない場合や、得意ではないテーマの場合です。この場合はまず、情報収集から始めねばなりません。

情報収集は、やはりネット上で行うのが最も手早く、コストもかかりません。とにかく与えられたテーマそのものや、関連するキーワードから情報を収集して、目を通していきます。

ここで大事なことは、情報を集め終わるまで何も書き始めないのではなく、集めているそばから気になった項目や思いついた項目をどんどんメモしていくことです。そうしないといつまでも情報収集に没頭してしまい、いつのまにか必要以上の労力をかけてしまう可能性があります。

しかし項目を挙げながら情報収集していれば、ある程度項目数がそろったところで情報収集作業を打ち切る頃合いを見つけられます。そうすることで、情報収集にかける労力をできるだけ少なくするのも、実質の時間単価を高めに維持するには必要です。

また、ネット上での情報収集は意外に面倒な分野もあります。そのような場合は、書籍を利用することも有効です。特に初歩的な知識がない分野については、どの情報が重要なのかといった目安も立ちにくいものですが、入門書を参照すれば情報の重要度がわかりやすく、手元に置いておけば必要な情報がいつでも参照できる状態になります。

ただ、参考文献として使用している書籍の文章を、うっかりそのまま利用しないように気を付けましょう。もちろんネット上で見つけた情報も、そのまま使用することのないように注意しなければなりません。あくまでオリジナルの文章を作成してください。なかなか自分の文章としてまとめられない時には、リライトのテクニックを思い出してください。役に立つはずです。

さて、記事タイトルが決まれば、書くべきガイドラインが決まるので、後はタイトルに説明を添えていく要領でひたすら書きましょう。いきなりサイト全体の記事を作成することに比べ、小さな部品としての記事を作成することになるので、ずいぶんと精神的には楽になると思います。

もちろん、執筆中でも必要に応じて、どんどん調べていく必要が出てくるでしょう。特に用語の使い方などは、「怪しいな」と思ったら、すぐに確認しましょう。私の場合は、執筆中でも常にテキストエディターの後ろ側にはウェブブラウザを起動した状態にしてあります。これは、「うん？」と疑問に思うことがあったら、すぐにブラウザに切り替えて調べることになるからです。

また、記事タイトルは、実際の執筆中に変更した方がよい場合があります。発注者から、先に記事タイトル（ウェブサイトの場合、これがページタイトルになる）の構成案を提出することを求められますが、ほとんどの場合は、実際の執筆中の変更や数の増減については許容されます。その方が結果として良くなる場合が多いことを、発注者もわかっているからです。ただし、タイトルを変更した場合はその旨を伝えるようにしましょう。場合によっては、ＳＥＯの都合などで変更不可とされることもあるからです。

記事タイトルを考案する便利な裏技

さて、ウェブサイトのライティングは、記事の構成案を記事タイトルとして用意してから始めることを説明しましたが、この記事タイトルの作成で、ほとほと手を焼くことがあります。やはりどうしても、構成案が思い浮かばない分野があるものです。

そこでここでは、ちょっとした裏技というほどのものでもないのですが、知ってしまえば「なーんだ」という手法を、こっそりと教えます。いや、こっそりも何も、実はウェブライターの多くが利用していると思われる方法です。それだけに、知っておかないと損かもしれません。

それは、「記事タイトルが浮かばないなら世間の需要に聞いてみよう」という方法です。需要とは、ネットで情報を求めている人たちの需要です。

例えば「メタボリック」をメインテーマにした記事構成案（つまりサイト構成案）を作成しなければならないのであれば、メタボリックの情報を求めている人たちが知りたがっている項目で記事タイトルを用意すればよい、ということです。

もっと具体的にいうと、情報を検索する人がメタボリックの何を知りたがっているのかわかればよい、ということです。つまり「メタボリック」と入力した後に、どのようなキーワードを付け足して情報を検索しているのかがわかればよいのです。

そこで、複合キーワードを調べることになります。複合キーワードを調べられるサイトはいろいろありますが、本稿執筆時点で利用できたサイトを掲載しておきます（ただし、一部のサービスはアカウントの登録が必要です）。

【複合キーワードを調べられるサイト例】

Google AdWords キーワード プランナー（https://ads.google.com/intl/ja_jp/home/tools/keyword-planner/）

キーワードサジェスト.com（https://keywords-suggest.com/）

goodkeyword（https://goodkeyword.net/）

グーグルサジェスト（https://www.gskw.net/）

ラッコキーワード（https://related-keywords.com/）

最新のキーワード調査サイトを探す際には、「複合キーワード 調べる」などのキーワードで検索すると、見つけることができます。

では、「メタボリック」というキーワードを入力して調べてみます。すると以下のような結果が出ます（検索結果は、検索ツールや検索時期により変わります）。

メタボリック 基準
メタボリック 厚生労働省
メタボリック 健康
メタボリック 内臓脂肪
メタボリック 診断基準
メタボリック 生活習慣病
メタボリック ウエスト
肥満 メタボリック
メタボリック 腹囲
メタボリック ダイエット
メタボリック 運動
メタボリック 解消
メタボリック 診断
メタボリック 脂肪
メタボリック 改善
メタボリック 食事
メタボリック 予防

メタボリック 予備軍
メタボリック 健診
メタボリック シンドローム 治療
メタボリック シンドローム 情報
メタボリック 薬
メタボリック 定義
メタボリック 対策
メタボリック サイロリーン
メタボリック シンドローム
メタボリック 85
who メタボリック
メタボリック fx
メタボリック 人数
メタボリック 商品
メタボリック ct
メタボリック 宅配弁当
メタボリック 比較

アメリカ メタボリック
メタボリック wiki
メタボリック 英語
メタボリック bmi
メタボリック 食事療法
fujifilm メタボリック
メタボリック 情報
フリー素材 メタボリック
メタボリック 4月
メタボリック とは
メタボリック 人間ドッグ
メタボリック 保健指導
メタボリック 保険料
メタボリック 健康保険
メタボリック 健康診断
メタボリック 原因

とりあえず50項目ほどコピーしてみました。

もうおわかりだと思いますが、これらは「メタボリック」に関する情報を調べようとした人たちが使用した複合キーワードです。つまり、メタボリックの何を知りたいのかがわかる情報です。

リストのすべてが利用できるわけではありませんが、この豊富な複合語の情報から、記事タイトルが作れないでしょうか。この複合キーワードから記事タイトルを作れれば、そのサイトはＳＥＯ的にも優れたサイトであるといえます。何しろ多くの人が知りたがっていることが、タイトルや見出しとして使われているからです。

それでは具体的な作成方法です。前出の複合キーワードを利用した、記事タイトルを考えてください。例えば、上位７項目で例を作ってみましょう。上がキーワードツールで表示された複合キーワードで、下はそれを元に作成した記事タイトルです。

「メタボリック　基準」↓「メタボリックとされる基準とは？」

「メタボリック　厚生労働省」↓「厚生労働省によるメタボリックの定義」

「メタボリック 健康」↓「メタボリックは本当に不健康か？」

「メタボリック 内臓脂肪」↓「メタボリックと内臓脂肪の関係」

「メタボリック 診断基準」↓これは1番目と同じものとして省きます。

「メタボリック 生活習慣病」↓「メタボリックは生活習慣病？」

「メタボリック ウエスト」↓「メタボリックはウエストだけで判断できる？」


いかがでしょうか。もっと良い見出しがつけられる気がしたなら、楽勝ですね。複合キーワードのリストは大量に出てくるので、見出しになりそうなところだけ拾っていっても十分に項目数はそろいます。この方法は知っていて損はありません。

記事の構成に困ったときのPREP法

ライティングに慣れてくると、情報収集が終わった段階で、頭の中にはおおよその記事の構成も出来上がっています。あるいはもっと慣れてくると、情報を集めながら構成も出来上がるようになります。

しかしまだライティングに慣れていない頃は、どのように書き始めてどのように展開し、そしてどのように締めるのかをうまくまとめられません。

記事の構成を練るときの基本は、いかに読者が理解しやすい順序で説明するか、あるいは読者に離脱されない順序で説明するかを考えることです。

特にウェブサイト上の記事は、訪問したユーザーがパッと見て、「ここには欲しい情報がなさそうだな」とか「すぐに結論が得られなくてまどろっこしいなあ」と思われた途端に、クリックもしくはタップして他のサイトに移動されてしまいます。

よく、文章の基本として「起承転結」が大切だと言われますが、ウェブサイト上の記事には向いているとはいえません。

試しに、『副業にはウェブライターがお勧め』というタイトルで、短い記事を起承転結で書いてみましょう。

【起】

近年、実質賃金が下がっているにも関わらず、「働き方改革」のスローガンの下、残業もできなくなった。

【承】

その結果、プライベートタイムは増えたのだが、収入が減ってしまったので、生活自体は常に節約を心がけていなければならない。

【転】

ところが一度慣れてしまった生活レベルを落とすことは難しいし、さらに減俸になる可能性やリストラで解雇される可能性もある。しかも、新しいことを始めるための初期投資に使えるお金もない状態だ。その上、外でアルバイトをするにも、毎日決まった時刻に退社できるとは限らないから難しい。

【結】

そこで、初期投資が不要で時間と場所に拘束されない副業ライターが良いという結論に至った。

いかがでしょうか。起承転結で記事を書こうとすると、とても悩みます。しかも、どうしても物語風になってしまいます。

このサンプルはとても短いので、あまり苦にならずに最後の結論まで読めたかもしれません。しかし、これが２０００文字ほどの記事となると、早く結論を知りたい場合には、冒頭の数行を読んだ段階で「もういいや」となったかもしれません。

そこで記事の構成がまとまらないという副業ライター初心者の方にお勧めなのが、ＰＲＥＰ法です。ＰＲＥＰ法は、特にビジネスにおける文書やプレゼンテーションなどで利用される文章構成法の１つです。ＰＲＥＰ法を使うと、説明する側も楽に記述することができ、聞き手や読み手も理解しやすいという利点があります。

ＰＲＥＰ法では、説明の構成を次のように定めています。

P＝Point（結論）
R＝Reason（理由）
E＝Example（事例、具体例）
P＝Point（結論を繰り返す）

先ほどの『副業にはウェブライターがお勧め』を、ＰＲＥＰ法で書いてみましょう。考えをまとめることが非常に楽になり、書く速度も数倍に上がります。

【P＝Point（結論）】

ウェブライターの仕事は副業に向いている。

【R＝Reason（理由）】

それは、ウェブライターの仕事はインターネットに繋がったパソコンがあればすぐにでもできるため、初期投資が不要であるためだ。

また、時間と場所を拘束されないため、本業にも支障が出にくい。

さらに、特別な資格や学歴、年齢制限や性別などの制約もないことから、書くことが苦にならない人であれば誰もが気軽に始められる。

【E＝Example（事例、具体例）】

例えばクラウドソーシングを利用すれば、初心者向けの簡単な仕事から、より専門的で報酬も高くなる仕事まで幅広いジャンルの案件を探すことができる。

しかも仕事探しから納品して報酬を得るまで、一貫して匿名のままWeb上で完結できることも副業向けといえる。

【P＝Point（結論を繰り返す）】

以上のことから、ウェブライターの仕事は副業に向いているといえる。

いかがでしょうか。非常に書きやすいだけでなく、読者もすぐに結論にたどり着けますし、結論を知ってから理由と例を読むため、理解が容易になっています。

もし、初心者で記事の構成を決めることに苦労されている方は、このＰＲＥＰ法を試してみることをお勧めします。

インタビューの報酬は高めに設定

副業ライターの中には、インタビューに挑戦したいという人が多くいます。クラウドソーシングでもインタビュー案件は常に一定数募集されていますので、需要はあります。

私のクライアントの某ＩＴ企業でも、これまでオウンドメディアに掲載してきた記事は、どちらかというと顧客のためのお役立ち情報的な解説記事が多かったのですが、今後はインタビュー物を増やしていくとコンテンツ担当者が言っていました。

その理由は、インタビューならば独自性と専門性、そして権威性を満たすことが容易だからだといいます。これらはＳＥＯで重要とされる要素でしたね。

このことから、今後インタビュー案件の需要は高まるのではないかと思います。

ところでライティングの報酬を比較するときに、報酬額を記事のおおよその文字数で割った文字単価で比較するとわかりやすいのですが、インタビューに関しては注意が必要です。というのも、インタビューには原稿執筆以外の労力、時間の拘束が生じるためです。

まず、インタビューの企画書と、インタビュイー（取材を受ける人）のプロフィール他の資料を読み込みます。

次に、インタビューのためのインタビューシートを作成します。これは、限られたインタビュー時間内に効率よく話を引き出すために必要な作業で、インタビューで質問する項目をあらかじめ洗い出しておく作業です。それを具体的な質問文としてまとめたものをインタビューシートと呼びますが、これをあらかじめインタビュアーとインタビュイーが共有しておくことで、効率良くインタビューを行えます。

そして実際のインタビューを行うのですが、このときにも取材場所との往復の時間がかかりますので、実際のインタビューが1時間だったとしても、ライターの拘束時間は長くなります。場所によっては丸1日を費やすこともありますし、泊まりがけのこともあります。

そしてインタビューが終わっても、すぐに原稿執筆に取りかかれるわけではありません。インタビューを録音した音源を文字起こしする時間が必要です。文字起こしは、1時間の音源に対して単純に1時間で済むことはありません。何度も聞き直す部分がありますし、タイピングの速度に合わせて再生と停止を繰り返すためです。1時間の音源であれば3時間かかる場合もあります。

このように、例え3000文字の記事を書くにしても、丸1日～3日間ほど費やす可能性があるのです。そのため、インタビューに関しては、単純に他のウェブライティングの文字単価と比較できません。

そこでインタビューを受注する際の、報酬の目安となる計算式を紹介します。

取材時間（h）×1万円（基本料金）＋文字数×12円前後（文字単価）＋税

例えば1時間のインタビューで3000文字の記事であれば、1時間×1万円＋

3000文字×12円＋税（10％）＝5万6000円となります。あくまで目安ですので、実際には発注者の予算や記事の難易度、あるいはライター自身の実績により、柔軟に対応してください。例えばまだライティング実績が少なく、勉強のためにインタビューを経験したいということであれば、半額で受注しても構わないでしょう。逆に専門性の高いインタビューで、十分な実績があるライターであれば、もっと高い報酬で受注すべきです。

一方で印刷媒体になると、もっとざっくりと「1ページ3万円でどう？」ということもあります。

インタビュー記事の3スタイル

インタビュー案件を依頼されたときは、記事のスタイルを確認しておく必要があります。というのも、インタビュー記事には大きく3つのスタイルがあるため、勝手にどれかのスタイルで納品したら、全面書き直しという事態を招くためです。

インタビュー記事の3スタイルは次の通りです。

●インタビュイーが一人称で語るスタイル
●インタビュアーが一人称で語るスタイル
●インタビュアーとインタビュイーの会話スタイル

例えば、以下のようなインタビューが行われたとします。インタビュアーはライター自身で、インタビュイーは副業コンサルタントの山田雷太氏という設定です。

【会話例】
ライター：山田さんはどうして副業コンサルタントになったんですか？
山田：えーとですね。僕自身が会社員だったときに、不況の煽りも受けて会社の給料が減俸になったり、他の部署でリストラが行われ始めたりしたので、これはヤバいな、と思って副業を探し出したんですよ。そうしたら、けっこう会社員やりながらでもできる副業って多いことに気づいたんですね。
ライター：見つけた副業をご自身でやってみた、ということですか？
山田：うん、そう。それでいろいろ手を出してみて、その状況をブログで発信していたら、「自分も副業したいんだけども、どうしたらいい？」って質問がたくさん来るようになって。それで、その人ごとのワークライフバランスに合った副業をコンサルするようになったんです。

これを3つのスタイルで記事にしてみます。

【インタビュイーが一人称で語るスタイル】

私が副業コンサルタントになった理由は、私自身が会社勤めをしていたときの体験にありました。

不況で会社の給料が減俸になったり、他の部署でリストラが始まったことを見たりして、副業の必要性を感じ始めたのです。

そこで実際に副業を探し始めてみると、会社勤めをしながらでもできる副業が多いことに気づきました。

このようにして見つけたさまざまな副業を私自身が実践しながら、その状況をブログで発信してみました。すると多くの人から「自分も副業をしたいのだけれども、どうしたらよいのでしょうか？」という相談を受けるようになります。

それで、その人ごとのワークライフバランスに適した副業をコンサルティングするようになりました。

【インタビュアーが一人称で語るスタイル】

山田雷太氏が副業コンサルタントになった理由は、彼自身が会社勤めをしていたときの体験にありました。

不況で会社の給料が減俸になったり、他の部署でリストラが始まったことを見たりしたとき、山田氏は副業の必要性を感じたといいます。

「そこで実際に副業を探し始めてみると、会社勤めをしながらでもできる副業が多いことに気づいたのです」

山田氏はさまざまな副業を見つけては実践していき、その状況をブログで発信し続けました。

すると多くの人から「自分も副業をしたいのだけれども、どうしたらよいのでしょうか？」という相談を受けるようになったのです。

それで山田氏は、相談者ごとのワークライフバランスに適した副業をコンサルティングするようになっていきます。

【インタビュアーとインタビュイーの会話スタイル】

Q：なぜ、副業コンサルタントになったのですか？

私が副業コンサルタントになった理由は、私自身が会社勤めをしていたときの体験にありました。

不況で会社の給料が減俸になったり、他の部署でリストラが始まったことを見たりして、副業の必要性を感じ始めました。

そこで実際に副業を探し始めてみると、会社勤めをしながらでもできる副業が多いことに気づいたのです。

このようにして見つけたさまざまな副業を実践しながら、その状況をブログで発信すると、多くの人から「自分も副業をしたいのだけれども、どうしたらよいのでしょうか？」という相談を受けるようになりました。

それで、その人ごとのワークライフバランスに適した副業をコンサルティングす

るようになったのです。

いかがでしょうか。インタビュー案件を依頼されたときには、まず記事のスタイルを確認してください。多くの場合は、過去の記事例を提示してくれますので、そこで使われているスタイルに合わせて記事を作成するようにしましょう。

不労所得の可能性はあるか

ウェブライティングやブログライティングをしていると、そのうちある疑問が浮かんできます。特に1度に数万円を超える報酬を得られるようになってくると、どうしても気になってしまうことがあります。それは、「自分の書いた記事が数万円で買い取られるなら、それ以上の収益が発生しているはずだ」ということです。

一度信頼を得たクライアントからは、次々と仕事の依頼があります。すると、そのクライアントからは数万円、十数万円、数十万円と支払いが蓄積されていくので、ますます自分が納品した記事がより大きな収益をもたらしているのだろうと想像を強くします。そして思います。「自分で書いた記事を発注者と同じ方法で利用できれば、より稼げるのではないか？」と。

自分の記事がどうやって利益を生むのか知る方法

そこで自分の記事がどのように利用されているのか、調べてみるのはどうでしょうか。実は、これは案外簡単に調べられます。

ただし、記事が納品されてからサイトに公開されるまでには、時間がかかり、納品後すぐに調べることはできません。私の経験では早くて1週間後、遅いところだと1カ月以上過ぎてからでないと、公開されないようです。ただし、ウェブマガジンは数日後で、ニュース系サイトは即日公開されることが多いです。

そこで、記事を納品してからある程度期間が過ぎたら、自分の記事の文章をインターネットで検索してみればよいのです。この時、キーワードで検索するのではなく、コピペチェックツールを使って、記事丸ごとか半分くらいまでの文章で検索してみてください。コピペチェックツールとは、その記事が他のサイトのコピーで作成されているかどうか（剽窃《ひょうせつ》かどうか）をチェックするツールです。本来は記事の発注者側が、納品された記事がコピペ記事かどうかをチェックするために利用しますが、ライター側も自分が書いた記事がうっかり誰かのコピペになっていないかどうか、あるいはコピペ度が高くないかを確認するために利用できます。

コピペチェックツールは有料のものと無料のものがありますが、「コピペチェックツール」で検索すると、ウェブサイト上で利用できる無料のサービスをいくつも見つけることができます。ちなみに私のお勧めは、「Copy Content Detector」（https://ccd.cloud/）で、無料版でも非常に高機能です。

ところで、なぜGoogleなどの検索サイトではなく、コピペチェックツールを使って自分の記事を探すのかというと、納品した記事がそのまま公開されているとは限らないためです。編集者により手を加えられて公開された場合、検索サイトでは見つけ出すことができない場合があります。しかしコピペチェックツールであれば、かなり文章がアレンジされていても、類似記事として見つけ出すことができます。

コピペチェックツールで自分の記事を見つけたら、そのサイトを観察してみましょう。自分の記事がどのようにデザインされ、そこにはどのような儲けのしくみが施されているのかがわかる場合があります。

場合がある、というのは、わからない場合もあるということです。これは、サイトによってはしばらくアフィリエイト広告などを掲載しないで、放っておく期間が設けられていることがあるためです。これもある種のＳＥＯのようです。あるいは、そのサイトでは直接稼がずに、他にメインの収益サイトを公開していて、そのＳＥＯ用のバックリンクサイトとして利用されている場合もあるからです。

この場合は残念ながら、自分の記事がどのように収益を上げているのか読み取れません。しばらく期間を空けてから再び検索してみるか、また別の記事で調べてみましょう。もし、自分の記事が使われているサイトに広告などが掲載されていたら、そのサイトのデザインや、構成、広告の掲載方法などを観察してみましょう。

もちろんサイト運営者は、見た目だけでは読み取れないＳＥＯ上の仕掛けも施しているはずなので、そのサイトのうわべだけを観察しても、儲けのしくみすべてを読み取ることはできません。ただ、観察してみれば、その儲けの仕掛けの一部は理解できるかもしれません。

自分のアフィリエイトブログやサイトを作成してみる

自分の記事が利用されている状況を観察したら、当然「自分でもやれるのではないか」と思うことでしょう。結論としては、可能です。ただし、前述しましたが、見た目だけではわからない仕掛けがされていることがほとんどです。その仕掛けを知っていることで、サイト運営者は外部に記事を発注できるほどの収益を得ており、そのノウハウこそが彼らのアドバンテージなのです。

もし本格的に「サイト運営者として稼ぎたい」と思うようになったら、インターネット上にあふれているアフィリエイトのテクニックの情報を集めたり、参考となる本を読んだりして研究するのもよいでしょう。面白くなってくるかもしれません。

ただ見た目をまねして作っただけでも、アフィリエイトの収益を得られることがあります。ただし、くれぐれも注意してほしいのは、納品した記事を再利用しないことです。その記事はあくまで発注者がお金を払って購入した物ですから、その記事を自分が利用してはいけません。もし、自分でもサイトを運営するなら、記事はそのために新たに書き起こしましょう。すでにあなたにとって、記事を作成することは簡単なのですから。

実は私も実際に、自分のために記事を書いてブログで公開してみました。本来なら、（ＳＥＯ上は優位とされる）ＨＴＭＬでコーディング（プログラムを作ること）したサイトを公開すればよいのですが、ブログの方が簡単なので、ブログを利用しました。

もちろん記事は、テーマも内容も新たにオリジナルを用意しました。見よう見まねでアフィリエイト広告を掲載してみたところ、数日後に収益が発生しているではありませんか！　しかもそれらのブログは、その後ほったらかしにもかかわらず、わずかながらも収益を上げ続けています。これは楽しいですね。

参考までに、私が掲載したアフィリエイトは、Google AdSense*17です。もし、「自分で書いた記事を自分のために利用したい」と思うことがあれば、ぜひオリジナル記事を書き起こして、発注者のサイトをまねてみることをお勧めします。もしかすると、思わぬ不労所得が得られるようになるかもしれません。

***17 Google AdSense**
Google 社が提供している、ウェブサイト上に広告を表示するサービス。ウェブサイトの内容に適した広告が自動的に表示されるため、ウェブサイトの運営者が広告を探して選択したり、メンテナンスしたりする手間が掛からない。表示された広告がクリックされるだけで報酬が発生するため、額は低いが報酬は発生しやすい。

第7章

副業ライター卒業！作家になろう

副業ライターの次のステップへ

　本書では、特にインターネットを利用したさまざまな副業の中から、いくつかのメリットを挙げた上で、副業ライターを推奨してきました。また、最近人気が上昇しているインターネット上の他の副業、特にアフィリエイトに対しても、副業ライターの方が確実な収入を得られることをメリットとして勧めてきました。
　しかしここからは、あえてアフィリエイトへ再挑戦することからお勧めするという、矛盾した内容に進んでいきます。そのため、少々戸惑うかもしれませんが、ここで本書には主題が2つあることを明らかにします。
　第1の主題は、これまでの内容でわかる通り、次のものです。

まずは書くことで確実に稼げる副業があることを体験して、知ってもらう。

　これが第1の主題です。この主題の下に、時間も場所も拘束されず、元手なしで確実に稼げる副業があることを知ってもらいました。

そして本書には実は、第２の主題があります。第２の主題を要約すると、次のようになります。

稼ぐための副業から、書くことを楽しむための副業へステップアップを目指す。

本書ではこれまで、まずは確実に目標金額が稼げる手段として副業ライターを選び、それを実践することで、「書くことは稼げる」と実感してもらうことに紙数を費やしてきました。何事も先立つものが大切だからです。そしてそのことは、実際に理解してもらえたと思います。また、本書を読みながら実践した人なら、すでに経験済み（実証済み）だと思います。

そしてある程度稼げるようになると、同時にライターとしての技量も高まってきます。例えば、執筆速度が上がったり、情報収集の効率が高まったりします。あるいは表現力が豊かになったり、よりわかりやすい文章が書けるようになっていたりするでしょう。

そしてもう1つ身に付いたこととして、アクセスを稼げる文章を書くコツらしきものを身に付けられたのではないでしょうか。それはつまり、「人に読んでもらえる文章が書けるようになっている」ということです。この段階になると、おそらく「確かに稼げるけど、人が決めたテーマで書くのには物足りなくなってきたなあ」と思うのではないでしょうか。「もっと自分の好きなことを書いて稼ぎたい」と。実際、私はそう思いました。

ですからこの段階に来たら、ぜひとも次の段階、すなわち「副業ライターからの卒業」を目指してもらいたいのです。卒業といっても、副業ライターをやめてしまうわけではなく、副業ライターで副収入を得ながら、次のステップに進むことを目指します。しかし、もしもアフィリエイトの方が楽しくて稼げたという結果が出たなら、それはアフィリエイターとしての才能に恵まれているということなので、その場合は副業ライターにこだわらずに、アフィリエイトに集中して活動することを検討してもよいでしょう。自分に合った稼ぎ方でどんどん稼いでください。

今度は自分のために書いてみる

では、「副業ライターからの卒業」とは、どのようなことでしょうか。それは、「人のためではなく、自分のために書く」ことを目指すという意味です。

「自分のために書く」とは、副業ライターのように、他人に決められたテーマをお金のためだけに書くのではなく、自分のためにテーマを決めて書くことです。

これは、おおよそ次の３タイプに分類できると思います。

①書きたいことを書く（つまり自分の創作意欲に導かれて書く）
②興味のあることへの知識を深めるために書く
③資格取得などの勉強のために書く

ただし、これからお勧めすることは、必ずすぐに稼げるようになる、と保証できるものではありません。ですから、例え手に入れることができる金額が減少しようと、「自分のために書く」ことを目指したい、という人は実践してみてください。

それではこの３タイプについて、もう少し説明します。

１つ目の「書きたいことを書く」とは、どういうことでしょうか。これは、日頃から思ったり考えたりしていることを書くエッセイだったり、創作意欲に導かれて書く小説などのことです。あるいは、自分の持っている経験やノウハウを紹介することなども含まれます。もちろん、そのテーマは自分で自由に決められるし、内容も自分で自由に書くことができます。

副業ライターというテーマに興味を持たれ、本書を手にした人なら、何かしら「自由に書きたい」という気持ちを持っているのではないでしょうか。すでに書きたい明確なテーマを持っているかもしれません。

２つ目の、「興味のあることへの知識を深めるために書く」とは、例えば趣味で歴史を調べている人であれば、その調べている歴史をテーマに書いてみる、ということです。また、「カメラが趣味だ」という人なら、そのカメラのメカニカルな知識や、撮影のノウハウについてまとめてみるのもよいでしょう。あるいは「旅行が趣味だ」という人なら、快適に面白く旅をするためのノウハウや心構え、あるいは旅先でのエピソードなどを書くのもよいでしょう。

そして３つ目の「資格取得などの勉強のために書く」とはどのようなことでしょうか。例えば資格の取得を目指しているのであれば、そのために必要な知識を学びながら書き留めていくことは、知識を身に付けたり理解を深めたりするには、非常に有効です。また、「時事問題についてもう少し詳しくなりたい」というのなら、気になったニュースを取り上げて、自分なりの解説文を書いてみるのも面白いでしょう。

実際に私も時事問題に詳しくなりたいと思い、気になったニュースを自分なりに分析して解説した記事を投稿するブログを運営していました。このブログを運営するようになってからは、社会の見方が変わり、何よりニュースが楽しくなりました。もちろん、さまざまな知識も増え続けています。

それでは、これらの「自分のために書く」ことを、どうやって副収入に結びつければよいのでしょうか。

収入になるアフィリエイトの選び方

最も収入に結びつけやすいのは、アフィリエイトです。ただし、副業ライターを勧める際にも書いた通り、アフィリエイトは必ずしも稼げる副業ではありません。また、稼げたとしてもその額は非常に不安定で、予想が困難なことがほとんどです。ですから、さしあたっていつまでにいくらの収入が必要、という状況であれば、やはり副業ライターをお勧めします。

また、アフィリエイトは収入を得られるようになるまでに時間がかかる場合があるので、経済的に切羽詰まっている人にはお勧めしません。そのような方には、副業ライターで確実な副収入を得ながら、アフィリエイトを行うことをお勧めします。

実際、私も好きなことをブログに書いてアフィリエイトを行い、今でこそ毎月の収入がほぼ一定になっていますが、始めた当初はまったく稼げない月と、いくらか稼げる月と、その浮き沈みの激しさに戸惑いました。

それでも、好きなことを好きな時に、つまり自分で決めたテーマを気が向いたときに書いて収入を得る最も簡単な方法は、アフィリエイトです。ただし、物販を目的としたアフィリエイトはかなり難しく、毎回特定の商品を紹介しなければならないという意味では、「自分のために書く」という目的から外れてしまうでしょう。

　そこでお勧めしたいのは、Google AdSense に代表されるコンテンツ連動型広告であり、ＰＰＣ（Pay Per Click）と呼ばれるクリック保証型アフィリエイト*18です。コンテンツ連動型広告とは、自分の運営するブログなどに広告を表示する設定さえすれば、後はサイトに書かれたテーマや内容にふさわしい広告が自動的に表示されるというしくみです。またＰＰＣとは、広告に興味を持ったサイト訪問者が、その広告をクリックするだけで、サイト運営者に報酬が支払われるというしくみです。

　このような Google AdSense 型広告のメリットは、主に以下の３点です。

①広告（商品）を意識せずに、自由な記事を書ける。

②クリックされるだけで報酬が発生するので、物販アフィリエイトのように、商品が購入されるまで報酬が得られないタイプより収入を得やすい。

③自動的に広告が選ばれるタイプであれば、すでに消滅しているサイトや製品の

***18 クリック保証型アフィリエイト**
Google AdSense のように、広告がクリックされるだけで報酬が発生するアフィリエイトのしくみ。これに対して成果報酬型アフィリエイトがあり、こちらはクリックされるだけでは報酬は発生せず、クリックした人がその結果表示された販売サイトなどから製品やサービスを購入して、初めて報酬が発生する。

広告へのリンク切れが発生しない。

①②の意味はわかりやすいと思いますが、③は説明が必要かもしれません。例えば通常の物販アフィリエイトであれば、特定の製品の広告をサイトに掲載しますが、もし、その製品の販売が中止されたり、広告主が広告を止めたりした場合は、リンクが切れて収入が得られなくなってしまいます。それを防ぐために、サイト運営者は常に広告のリンク切れがないかどうか、チェックしていなければなりません。

しかしGoogle AdSenseに代表されるようなコンテンツ連動型広告の場合は、常に有効な広告のみを自動的に選んで表示してくれるので、一度設定したら後は何も気にする必要はないのです。これは、「書きたいことを書く」ことに集中できる、非常に便利なしくみです。

しかもその広告の内容は非常に多岐にわたるので、一見スポンサーが付かないような内容の記事でも、それにふさわしい広告が表示されることに驚きます。例えば領土問題や消費税の問題、あるいはＵＦＯやオカルトなどについて書いた記事にさえ、ふさわしい広告が表示されるのには感動すらします。

しかも副業ライターの経験を積んできた人であれば、例え自分で好き勝手に決めたテーマで自由に文章を書いたとしても、人に読んでもらえるクオリティーの文章を書けるようになっていることでしょう。

ただ、１つ注意をするとすれば、ブログを立ち上げて記事を書き始めても、ある程度の記事が蓄積されるまでは収入は発生しないことがある、ということです。これは私自身の経験によるものですが、ＳＥＯなどまったく気にしなくても、ブログの記事が蓄積されればされるほど、また、更新頻度が高まれば高まるほど、検索サイトで上位にヒットする可能性が上がるようです。

また、ブログを立ち上げた当初は、記事を投稿すると一時的にアクセスが増えますが、それらは新着情報などから集まったものなので、収入には結びつきにくいアクセスです。ところが記事が３００を超えた頃からは、投稿しなくても常時一定のアクセスが集まるようになりました。

これは、検索サイトを通して集まったアクセスなので、収入に結びつきやすくなります。つまり、知りたいことを調べている人たちが検索サイトを経て訪問しているので、そこに表示された関連広告をクリックする可能性が高まるのです。

ですから、ブログなどで好きなことを書いてアフィリエイトをする場合は、ある程度記事が蓄積されるまでは、収入が発生しなくても、気長に更新を続ける必要があります。その代わり、いったん検索サイト経由でアクセスが集まるようになると、しばらく（例えば1カ月くらい）更新しなくても、毎日一定のアクセスが維持されるようになります。この状態になると、副業ライターでは味わえなかった不労所得を得ている状態になるので、非常に楽しくなってきます。

ある時、海外で宗教問題が起き、そのニュースについて30分程度の時間をかけて自分なりの解説を加えた記事を投稿したところ、その記事だけでその日のうちに1万円以上の収入を得ました。たった30分の作業でです。

まさか宗教問題のニュースがそれほどアクセスを集める（1日で1万アクセス以上）とは思っていなかったので、驚きました。しかもその記事は、その後も何日にもわたって勝手にアクセスを集め続けたので、収入も勝手に増え続けました。ほぼ不労所得といえるでしょう。このようなことは頻繁に起きるわけではありませんが、これがアフィリエイトの醍醐味かもしれません。

電子書籍はどうやって作る？

「私はアフィリエイトではなく、書いた文章そのものを売りたい」という人もいると思います。あるいは、「自分の作品を書き上げたい」という人もいるでしょう。

そのための環境はすでに用意されています。それは、すでに本書でも触れましたが、電子書籍の販売です。電子書籍の販売とは、自分で自由に決めたテーマで文書を作成し、その文書を電子書籍の販売サイトで売ることです。

電子書籍として販売できるテーマには、ありとあらゆるものがあります。ジャンルも、小説、エッセイ、実用書、論文、写真集、漫画など、売れやすさには差がありますが、とにかくどのようなテーマでも電子書籍としては成り立ちます。

分量も数十ページから数百ページまで、さまざまです。さすがに数ページでは購入者ががっかりしてしまうので、少なくとも30ページ以上の文書を想定しておきましょう。

私も小説や実用書数冊を電子書籍で販売しています。そのうちの１冊はリアルな商業出版、つまり書店で売られる紙の本として出版されるという幸運に恵まれましたが、そのことについては後ほど紹介します。

さて、電子書籍を販売するには、大まかに以下の手順が必要です。

好きなテーマで好きな内容を、ワープロなどで文書化する。

↓

作成した文書ファイルを、電子書籍として販売できるファイル形式に変換する。

↓

作成した電子書籍を、販売サイトに登録する。

これだけです。電子書籍のファイル形式はＰＤＦやＥＰＵＢ[*19]など、様々な形式がありますが、利用する販売サイト、あるいは読者が利用する閲覧環境に適した形式を選ぶことになります。最近では、スマートフォンで購読されることを想定したファイル形式に対応した、電子書籍販売サイトが増えてきました。

電子書籍の販売では、まさに自分の書いた文章を商品として販売することになり

***19 EPUB**
「イーパブ」と読む。「electronic publication」の略語。IDPF（国際電子出版フォーラム）が開発した電子書籍のファイルフォーマット形式を示す。電子書籍のフォーマットとして広く採用されており、拡張子は「.epub」。Amazon Kindle ダイレクト・パブリッシングではEPUB ファイルを登録すれば、自動的にKindle 用の mobi ファイル形式に変換される。

ます。価格も自分で決められ、印税率も30～90％程度と非常に高いです（販売サイトによります）。何より自分の作品を、お金を出して購入（ダウンロード）してもらえた時の喜びは大きなものです。

そこで参考までに、執筆時点で運営されている電子書籍販売サイトの一部を、以下に掲載します。

【電子書籍販売サイトの例】

Puboo（https://puboo.jp/）

forkN（https://forkn.jp/）

でじたる書房（https://www.digbook.jp/）

他にも登録が有料の電子書籍販売サイトもありますが、まずは無料のサイトで試してみることをお勧めします。

また、Google,Apple,Kobo のメジャーどころが、次々と電子書籍出版サービスを開始しています。

すでにAmazonでは、２０１２年の10月からKindleダイレクト・パブリッシングが開始され、セルフパブリッシングの先駆けとなっています。このサービスは出版界にとっても、執筆者にとっても、衝撃的な出来事でした。このKindleダイレクト・パブリッシングについては、後ほど別に章を設けて詳しく紹介します。

Google, Apple, Kobo の各サービス名は以下の通りです。

GooglePlay ブックス（https://play.google.com/books/publish/）

Apple Books（https://www.apple.com/jp/itunes/working-itunes/sell-content/books/）

楽天 Kobo ライティングライフ（https://books.rakuten.co.jp/e-book/rakutenkwl/）

これらのサービスが開始されてエキサイティングなのは、何といっても無名の作家とプロの有名な作家の作品が、同じプラットフォームで販売されるということです。その意味でも電子書籍は、「自分の作品を出版したい」という人たちにとって、画期的な環境を整えつつあると言えます。一昔前では、とても考えられなかったことでしょう。

初めての商業出版

先に、すぐにでもチャレンジできる自分の書籍の出版手段として、電子書籍の出版について述べました。この電子書籍については、特にAmazonが始めたセルフ出版のサービス、Kindleダイレクト・パブリッシングが代表的なサービスなので、第8章で改めて触れたいと思います。

さて、本書を手に取った人、つまり文章を書いて収入を得るということに興味を持つ人の多くは、紙の印刷物としての商業出版にも興味を持っていると思います。商業出版は、文章を書くことが好きな人なら、いずれは挑戦してみたいと考えている目標ではないでしょうか。

私は幸運なことに会社員時代に3冊の著書を、フリーランスになってからは2冊の著書を商業出版として上梓する機会に恵まれましたが、まだまだ挑戦の日々の途上にいます。まだまだ書きたいテーマがあるからです。そして商業出版は非常に狭き門なので、それだけに文章を書く人にとっては、かなり高みに位置する目標ではないかと思います。

電子書籍について述べる中で少し触れましたが、実は私の商業出版第1弾は、電子書籍の公開がきっかけでした。こんなこともあるので日頃から執筆活動は継続しておくとよいですよ、という意味で、その体験を紹介します。

私は以前から漠然と「本を出したい」と思いながらも、具体的には何も実行せずに日々を過ごしていました。ある年の正月、「やはりやってみなければ駄目だ！」とそれまで悶々としていた想いが臨界に達したのか、突然パソコンに向かって原稿を書き始めました。しかもなぜかこの時、「正月休み中に完成させる」と、性急な決断を下したのです。夢中になってキーボードを叩いていると、妻に「何やってるの？」と尋ねられ、「今年は本を出そうと思う」ときっぱりと答えたことを覚えています。

テーマは、自分が職場で身に付けた技術で、文書作成を素早く行うノウハウを公開するというものでした。このノウハウにはかなり自信があったのです。

そうして情熱の赴くままに原稿を完成させましたが、さて、それをどうしたらよいのかわかりません。出版関係のコネもなく、情報も収集していませんでした。ネットで２、３社の出版社の住所を調べて原稿を送ってみましたが、相手にされませんでした。というより、果たして届いたのかどうかもわからないという状況でした。

「やはり世間は甘くない」

早々に挫折した私でしたが、ネットを徘徊していると、電子書籍なるものを販売しているサイトを見つけました。サイト内をよく読めば、素人でも出版でき、印税も得られるとのこと。せっかく書き上げた原稿をお蔵入りさせるよりは、売れないかもしれないが電子書籍で販売してみよう、と思ったのです。

早速ＰＤＦにして、登録審査を受けました。公序良俗に反する内容でなければ審査は通るようなことが書かれていたので、問題なく公開されるだろうと思って待ちました。

すると３日ほどたって、メールが届いたのです。送り主は電子書籍サイトの運営者だといいます。内容は次のようなものでした。

「まだ審査の途中で公開していませんが、拝見した原稿がよくできていて気に入ったので、出版社に紹介してもよいですか？」

これは新手の自費出版の勧誘かなと思い、きっぱりと「自費出版であればお断りします。電子書籍として販売しますから」と返信すると、「商業出版です」とのことでした。思わぬチャンスに半信半疑ながらも、特にコンサルティング費やら紹介料やらが掛かるわけではない、ということだったので、「ぜひ紹介してください」と返信しました。ただ、紹介料は掛かりませんでしたが、出版が決定した際は、印税の一部をお礼として支払うというビジネスであることもわかったので、ビジネスモデルが明確なら安心だと考えました。

後で知ったのですが、実はこの電子書籍サイトでは、近々新人作家発掘プロジェクトといったものを始める予定だったのです。まだ始まる前でしたが、私の原稿が第1弾として、前倒しでピックアップされたのでした。非常に幸運なことでした。

それでもそう簡単に出版などできないだろうと思っていると、なんと2社の出版社から声を掛けてもらい、そのうちの1社から本当に商業出版されることになりました。ただ、実際に打ち合わせをすると、担当をしてくれた副編集長から、次のような要望を出されました。

「テーマと切り口は良いのですが、この原稿のままでは本になりません。まずは見出しだけでよいので、80個以上提案してください」

今思えば、かなり荒削りな原稿でした。それでもテーマや切り口が良いので、本として出せる可能性があるというのです。ただし、1冊の本としては構成が良くないので、目次構成案から再提出することになりました。

それでも貴重な、待ちに待った出版のチャンスなので、1週間以内に80項目以上の見出しを含めた目次構成案を提出しました。ビジネス書や実用書の多くは、こうした目次構成案から始まるのだ、ということも初めて知りました。目次構成案は若干の修正指示が入っただけで、ほぼ承認され、企画会議と営業会議を無事に通過し、改めて執筆依頼がありました。

そうです。つまりは、出版用に原稿の書き直しが必要になったのでした。しかし、すでに目次構成案は決まったので、後はそれに沿って執筆するだけです。そのためさほど苦労もせずに、初めての出版が実現したのです。

この時、新人発掘プロジェクト開始前であるにも関わらず、私の原稿を「発掘」してくれた電子書籍サイト運営者の方々には、深く感謝しています。この出版で、本を出すという貴重な体験をさせてもらったのですから。

さらなる商業出版を目指そう

しかし私は図々しくも、２匹目のドジョウを狙うことにしました。その後数冊の電子書籍を公開し、わずかながら売り上げがありましたが、一度自分の著書が印刷・製本されて書店に並ぶという体験をしてしまったため、なんとしてももう一度商業出版したい、と思うようになっていました。ただ、現実には日々の仕事に忙殺され、もう一度本を出そうと動き出すまで、数年のブランクが生じてしまいました。

「今度は偶然に頼らずに商業出版してみせるぞ」と意気込み、原稿を作成しました。ただし今度は、前回の経験を生かし、目次構成案と企画書に力を入れました。目次構成案は原稿のゴールを出版社と共有するための、重要なガイドラインとなります。また企画書は、本のターゲット（読者層）や、今の社会背景でなぜこの本を出版する必然性があるのか、という説得力を伝えるためのツールです。

これらの重要性は、１度目の商業出版経験で、身に染みたことでした。そして原稿を見てくれそうな出版社をネットで調べ、窓口がわかった数社の出版社に企画書と原稿を送ってみたのです。

——結果は惨敗でした。ただ、２社からは非常に励みになるメールをもらったのです。ほぼ同じ内容で、いずれも編集者からでした。それは、

「大変興味ある企画で構成案もしっかりしており、個人的にはぜひとも出版したいものでしたが、あいにく当社の方向性とは合っておりません。必ず出版できる会社があると思いますので、諦めないでください」

といった、励ましのコメントでした。これは支えとなりました。

そこで再びネットで調べてみると、出版プロデュースや出版コンサルティングなるビジネスを行っている人々の存在を知りました。彼らに依頼すれば、出版社を紹介してくれるらしいのです。

しかしネット上の情報をよく見ると、高額な紹介料やコンサルティング費を請求しながらも、出版できるかどうかは約束しない、というサービスも多いということがわかりました。確かにどのサイトもよく読めば、出版できる、できないに関わらず、斡旋料やコンサルティング料は必要となっていました。どれも簡単に支払える

金額ではありません。8万円前後から30万円前後の費用が必要となっていました。

ところがいろいろと見て回っている内に、出版できない場合は一切費用が掛からない、という出版プロデュースを行っているNPOを見つけました。その代わり出版できた暁には印税の一部を支払う、という条件です。また、どんな企画でも出版社に紹介するのではなく、まずは審査を通過せねばならないとありました。「これなら条件は悪くない」と思い、企画書、目次構成案、原稿サンプルを提出して応募すると、審査は通過しました。

そこで初めて各出版社に紹介されます。そして配信された企画に興味を持った出版社から連絡があると、ようやく出版社の企画会議に挑むことになります。

私の第2弾の商業出版はこのようにして出版社が決まりましたが、実は1度では企画会議を通過できませんでした。担当の編集長から要請があり、企画書と目次構成案の練り直しを行いました。この時は結局3回ほど目次構成案を出し直して、ようやく執筆のゴーサインをもらうことができました。

この時に経験したのは、出版社の企画会議で出された要請に従うと、自分1人で立てた企画よりも数段と面白いものになる、ということです。つまり出版社の編集者や営業担当者は、「どうすればより売れそうな本になるか」「面白い本になるか」を日々考えているプロであるということを、まざまざと見せつけられたのです。

1冊分の文章を書くことが重荷な人へ

ここまで、電子書籍での出版や、ハードルは高いものの挑戦したい目標として、商業出版の可能性について述べました。文章を書くことが好きな人にとっては、ぜひとも挑戦してほしい目標です。

ですから、これからは週末の（平日でも構いませんが）、例えば午前中や就寝前のひとときを、作家として過ごしてみてはいかがでしょうか。私は会社員時代、土日の午前中（といっても3時間程度です）をブログや電子書籍、あるいは出版が決まれば本の原稿執筆に使うようにしていました。つまり自分が書きたいことを書くことに費やしていたのです。

「費やしている」という表現はふさわしくないかもしれません。というのも、「書くことを楽しんでいた」からです。もはや道楽というべきでしょうか。「週末は作家（物書き）として過ごそう」、そう決めた途端に、平日従事している仕事とは異なった脳の使い方ができ、楽しくなってきました。

週末に書き溜めた文章を、ブログでも電子書籍でもあるいは商業出版でも、どのような形であれ作品として世の中に公開することができれば、これまでの生活では味わえなかったワクワクするような体験となることでしょう。

ところで、「それでは一体自分は何を書けばよいのだろう」と思った人もいるかもしれません。例えば普段から、「こんな小説を書いてみたい」あるいは「こんなテーマの研究をしてみたい」と明確な目標を持っている人であれば、ぜひともそのテーマに挑戦してほしいですが、「果たして１冊の本たり得る文章を書けるだろうか」という不安が生じるかもしれません。

そこでお勧めなのは、まずは自分の仕事を書いてみることです。「自分の仕事なんて」と思うかもしれませんが、その仕事に何年、あるいは何十年と携わってきた人にとっては当たり前のスキルや情報でも、その業界以外の人から見れば、新鮮な驚きや発見をもたらしてくれる情報かもしれません。実際、私が商業出版した最初の２冊の本は、いずれも仕事そのものをテーマにしたわけではありませんが、日々の仕事で生かしているノウハウについて紹介したものでした。

「それは特殊な技能を生かした職業に限ったことで、自分の仕事は人様に感心してもらえるほどのことはない」などと思っている人は、視点を変えてみてください。例えば自動車販売の営業をしている人なら、顧客の立場で考えると、新車を値切って買う方法、といった貴重な情報を持っているのではないでしょうか。あるいは不動産業に携わる人なら、「こんな物件には気をつけろ」といった本が書けるかもしれませんし、「こんな不動産屋は危ない」といったテーマで書けるかもしれません。また、「長年続けてきた趣味がある」あるいは「オタクと呼ばれるほどに入れ込んでいる分野がある」という人も、本のテーマを見つけやすいでしょう。

　では実際に、どのように書いていけばよいのでしょうか。普段から文章を書くことが好きで、ブログなども頻繁に更新しているという人でも、「いざ1冊の本を書く」となると、どのように書けばよいのか躊躇するかもしれません。やはり本の執筆は、メールやTwitterやブログといった短い文章とは異なり、かなりの長文になるため構えてしまうからです。

　しかし、実はTwitterやブログを書いている人であれば、本1冊を書き上げるための第一歩をクリアしていると考えてよいでしょう。文芸作品は別として、実用書やビジネス書といった分野の本を読んでみるとわかりますが、これらの本は実は短い文章の集まりであることがわかります。本書も同様です。

より簡単に実感するには、目次を見ることです。1冊の本は、実はいくつもの章の集まりです。そして章は、いくつもの節の集まりです。そして節はさらに小さな項の集まりである場合と、小さな段落の集まりである場合があります。

つまり1冊の本といっても、その実態は、ブログの記事程度の大きさの文章の集まりによって成り立っているのです。そしてブログの記事程度の文章は、実はTwitterでつぶやける１４０文字程度の段落の集まりである場合が多いのです。

いかがでしょうか。本1冊を執筆する方法が見えてきたのではないでしょうか。つまり、本1冊を書くためには、先に目次を作成することが重要です。もちろん、書いている途中で変更したり、追加するのは自由です。しかし、先に目次構成案が出来ていれば、本1冊分のガイドラインができているということなので、「次に何を書けばよいか」と気にせずに、書き続けることができるようになります。

この方法を、「アウトラインから書く」ともいいます。アウトラインから書くとは、章・節・項といった階層構造を持つ文書の構造を先に決めることです。あるいはもっと身近な表現をすれば、タイトル・大見出し・小見出し・本文といった階層構造を先に決めることです。

ですから、テーマが決まれば次に章タイトルを決め、次に節あるいは大見出しを決めていきます。本のアウトライン（つまり目次構成案）が決まったら、後はアウトラインに沿って、1度にブログ投稿1回分程度の文章を書いていけばよいのです。

要するに、1度に本1冊分の文章を書こうとせず、ブログ投稿1回分の文章を書き溜めていくと考えれば、「うん、書けるぞ」という気持ちになれるでしょう。

第8章

Kindleダイレクト・パブリッシングで本を出そう

書き上げた原稿が無駄にならない時代がやってきた

さて、作家として原稿を執筆する方法について、前章で「アウトラインから書く」方法を紹介しました。これでどんどん原稿が作成できると思います。後はテーマを決め、アウトラインを決めて、本文を執筆するだけです。

しかし、ここで1つの不安が頭をよぎります。

「出版されなかったらどうしよう」

そうです。確かに商業出版の可能性は、非常に低いのが現実です。そのため、まずアウトライン、つまり目次構成案と企画書だけを作成して、それが出版社に採用されてから本文を執筆する、という要領の良い人もいます。

特にすでに何冊もの出版実績がある人なら、この方法が効率的です。出版社としても出版実績のある人であれば、それまでの作品から文章力や執筆遂行実績、売上実績を知ることができるので、企画内容や目次構成案が決まってから、執筆を依頼することも可能です。

しかし、本の出版実績がない無名の新人が、企画書と目次構成案だけで出版社への売り込みを行うのは、注意が必要です。というのも、もし出版社の編集者が企画書と目次構成案に興味を持っても、出版実績がない新人の場合は、「果たして1冊の本を書き上げることができるのだろうか?」という疑問を持つのが普通だからです。企画書と目次構成案を目に留めてもらえたとしても、その次に「原稿もしくは原稿の一部を見せてください」と要請される可能性が高いのです。

この時、「いや、原稿は企画が採用されてから書きます」とすでに有名な著者のような対応をしていては、せっかく出版社の人に興味を持ってもらえても、原稿執筆能力について疑問を抱かせてしまうでしょう。さらに言えば、機を逃してしまうかもしれません。ですから、「原稿を見せてほしい」と要望されたらすぐに提出できるように、原稿は書き上げておくべきです。

ただ、前述した通り、商業出版への道は無名の新人にとってはかなり厳しいものです。つまりこれまでは、採用されなかった原稿は永遠にお蔵入りする運命でした。しかし、時代は変わりました。電子書籍の自己出版（セルフパブリッシング）*20が始まったからです。

***20 自己出版（セルフパブリッシング）**
出版に掛かる費用を著者が負担する出版形態を自費出版と呼ぶが、電子書籍ではAmazon Kindleダイレクト・パブリッシングに代表されるように、費用をかけずに出版できるため、費用が掛かる自費出版と区別して、自己出版（セルフパブリッシング）と呼ぶことが多い。電子書籍は印刷や製本、発送などの費用が掛からないため、編集やファイル作成の手間を自分で行えば、費用を掛けずに出版できる。

つまり、商業出版がかなわなかった原稿を、電子書籍として自分で出版する道が残されているのです。すでにいくつかの電子出版サイトを紹介しましたが、ここにきて、プロの著者たちと同じ土俵で自分の本を発表できる場が用意されました。それが「Amazon Kindle ダイレクト・パブリッシング」です。

Amazon Kindle ダイレクト・パブリッシングとは

「Amazon Kindle ダイレクト・パブリッシング」は米国では先行して運営されており、そこから無名の新人作家がベストセラーを出すなどして話題になっていました。そして２０１２年の10月に、いよいよ日本でも運営が開始されたのです。待ちに待った、という人たちも多かったことでしょう。

何しろこのサービスを利用すれば、無名の著者でも国内のみならず、世界のAmazon で自分の著書を販売することが可能になるからです。実際に私の電子書籍も、アメリカ、カナダ、ドイツ、イギリスなどで売れています。しかも画期的なことは、通常の自費出版（書店に並べるまでを含む）では数百万円の費用を自己負担せねばなりませんが、Amazon Kindle ダイレクト・パブリッシングでは、費用の負担は一切ありません。これは電子出版ならではの特長です。かかる費用は、書籍が売れた際に支払う手数料だけです。

この手数料は売り上げからロイヤリティ（つまり印税）を引いた額になりますが、本書を執筆している時点での印税率は、35％と70％を選択できるようになっています。ただし70％を選択するためには、販売プラットフォームが Amazon のみであることや販売価格が一定金額以上であること、ダウンロード時の配信コスト（１MBごとに１円）を負担することなどの条件があります。

書籍の販売手続きも、非常に簡単です。Amazon のアカウントを取得すれば、後は支払先口座などの情報を登録して、すぐに著書を Kindle ストアで販売する作業に入れます。

Amazon Kindle ダイレクト・パブリッシングで販売される電子書籍には、Kindle やその他のモバイル端末で閲覧できるように、特定のファイルフォーマットであることが必要ですが、それも Amazon Kindle ダイレクト・パブリッシングのサーバーにアップロードすることで、自動的に変換されます。本書執筆時点で自動変換に対応しているファイルフォーマットは、ＨＴＭＬ、ＥＰＵＢ、ＸＭＤＦ、Word（.doc/.docx）などです。

実際に私もWordで作成した原稿（.docx）をそのままアップロードしてみましたが、見事にKindleで閲覧できるフォーマットに変換されました。驚いたのは、縦組みでルビを頻繁に使用したWordファイルが、問題なく再現されていたことです。

ただし、Wordファイルをアップロードしても、エラーが発生して上手く変換されない、という場合も多いようです。どうやらWordファイルの作り方によるようなので、うまくいかない場合は、Kindleダイレクト・パブリッシングに最適なWordファイルの作り方を紹介しているサイトを参照して、Wordファイルの作り方を見直すか、思い切ってＥＰＵＢに作り直すなどしてみる必要があります。

私が初めて試験的にアップした原稿は、かなりマイナーなジャンルであったため、いきなりカテゴリーランキングのトップになりました。まだまだ競合作品が少なかったためです。電子出版では、このようなことが起こり得るのです。

Word等の対応ファイル形式で原稿ができていれば、アップロードと変換は数分で終わってしまいます。後は実際に Amazon で公開されるまで、長くて２日程度審査にかかるだけです（なぜか、わずか数時間後に公開されることもあります）。

自分の作品が世界中で売れる

日本の電子書籍市場は着実に成長しています。また、Amazon,Google,Apple,Kobo 等、大手各社が続々と参入したことからも、電子出版の普及が停滞するような事態は考えにくいでしょう。

また、電子出版の普及を支える背景として、電子書籍リーダーやスマートフォン、タブレット型端末の普及があります。これらの状況を考慮すると、やはり電子出版は今後も伸びていくと考えられます。

さて、Amazon Kindle ダイレクト・パブリッシングから始まった電子書籍の自己出版の開始は、何をもたらすのでしょうか。最も大きなことは、すでに述べたように、これまで高額な費用を負担しなければ不可能だった自費出版が、無料で始められるようになったことです。これは大きな変化です。

これまで自費出版で成り立っていた出版社も、電子書籍に参入するなどビジネスモデルの再考を迫られるかもしれません。自費出版を行っている出版社に高額な費用を支払って本を出版しても、一部の書店の片隅の、誰も立ち寄らないような自費出版コーナーに置かれるだけです。せっかくの著書も、誰にも知られずに終わってしまう可能性があります（そのため費用が自己負担なのです）。

しかしAmazon Kindle ダイレクト・パブリッシングなどのメジャーな電子出版サイトから販売すれば、いきなり日本全国、あるいは世界に向けて著書を販売することが可能です。このインパクトは大きいでしょう。自費出版業界にとっては大いに脅威となっているはずです。

そしてもう1つのインパクトは、これまでの自費出版と異なり、電子出版の場合は著者が有名であろうと無名であろうと、同等に扱われてしまうことです。

もちろん電子出版の世界でも、有名な著者の作品の売れ行きは良く、ランキングでもすぐに上位に上がります。しかし無名の著者でも、販売のされ方においては区別されません。

現に私がアップした作品も、ジャンル別で表示させたり、特定のキーワードで検索したりすると、結果として有名な著者と同等に扱われて表示されます。つまり電子出版の世界では、著者の知名度と無関係に作品が扱われてしまうのです。これは画期的な出来事であると言えるでしょう。

自己出版は公開しただけでは売れない

検索でヒットした場合は、著名な作家と同列に販売される Amazon Kindle ダイレクト・パブリッシングですが、やはり無名の作家が電子書籍を販売しても、そのままではまず売れないと思ってください。

著名な作家の作品ならすぐにでも売れ始めますが、無名の作家の作品は、よほどニーズのある（つまり多くの人が知りたがっている）キーワードをタイトルに使っていたり、旬の話題を取り上げたりしていない限り、誰にも知られないまま放置されてしまう可能性が高いです。

それでは、どうすれば売れるのでしょうか。無名の自己出版が売れない理由は、もし企画や内容が良いものであれば、それは単に誰にも知られていないためです。

つまり、多くの人に知ってもらえるように工夫する必要があります。

実際、すでに自己出版で売れた人たちのインタビュー記事などを読むと、共通しているのは、彼らがプロモーション活動に非常に熱心だったということです。

例えば、『ジーン・マッパー（Gene Mapper）』という近未来小説でAmazonの「小説・評論」カテゴリー（紙の本も含む）で1位を獲得し、日本のセルフパブリッシングの第一人者となった藤井太洋氏は、小説に書かれた架空の世界を紹介する公式サイトを自ら作成して公開し、ＳＮＳで告知活動を行い、ネット広告を出すなど、インターネット上で作品が知れ渡るための活動を活発に行ったといいます。そうしなければ、初めて小説を書いた無名の作家である自分の作品など、誰も買わないだろうと考えたからだそうです。

また私の初めての電子書籍も、テーマがマイナーだったこともあり、それほど売れませんでした。しかしある読者が、「読書メーター」というサイトで「★★★★★」の評価を付けてくれたおかげで、瞬間的に売り上げが増加したことがありました。

そこで第2弾として発売した電子書籍については、始めから自分でプロモーションを行うことにしました。まずブログで告知してみると、見事に連日ダウンロードされるようになりました。

この経験で何となく売り方がわかってきた私は、第３弾として社会問題を取り上げた電子書籍を販売したのですが、この時はブログで告知した後、Twitter で繰り返し告知し、電子書籍の存在を拡散してみました。そのうちいくつかのブログや Twitter で、私の作品が紹介されるようになりました。そうして作品の存在が拡散されていったのです。

その結果、取り上げたテーマが受けたのだろう、ということもありましたが、販売後の最初の１カ月で、１５０ダウンロードを売り上げることができました。この時はカテゴリ１位も獲得し、すぐに４人の人が、レビューで満点の「★★★★★」の評価を付けてくれました。

特に Twitter の効果は高かったようです。当時の私の Twitter のフォロワー数は３６００以上でしたが、Twitter でつぶやいても、すべてのフォロワーが気づくわけではありません。たまたまつぶやいた時に、Twitter にログインしているフォロワーが気づく程度であるはずです。時間帯によっては数人、数十人かもしれません。

そこでTwitterでは、1日に2～3度不特定の時刻に、繰り返し電子書籍の存在をつぶやいてみました（ただし内容は変えます）。すると、つぶやく度にダウンロードされたのです。つまり、つぶやいた分だけ売れることがわかりました。

さすがに前述の藤井氏のように、公式サイトを作ったり、インターネット広告を出したり、ということまではしませんでしたが、ブログでの告知、Twitterでのつぶやき、という無料のプロモーション活動を行うことで、多くの人に自分の作品を知ってもらえたのだと思います。

つまり、Amazon Kindleダイレクト・パブリッシングに限らず、無名の著者が電子書籍のセルフパブリッシングを行った場合は、ネット上での拡散活動を自分で行わねば売れない可能性があります。

ブログの電子書籍化で2度おいしい話

電子書籍の自己出版がはやり始めると、多くのブログサービスが、ブログから電子書籍を自動生成できる機能を備えるようになりました。その結果、多くの人がブログをそのまま電子書籍に変換し、販売するという活動も目立つようになりました。

しかし、私はブログをそのまま電子書籍にして販売することには、懐疑的です。おそらく一部の有名ブロガーや著名人の電子書籍でなければ、売れないと思います。というのも、ブログの記事は文章としての質が低いことが多く、そもそもブログの記事は、１冊の本としてのまとまりを持たない記事の羅列である場合が多いと思われるからです。また、誤字脱字なども多く見受けられます。

つまり、ブログの自動電子書籍化機能で作られた電子書籍は、編集や推敲、校閲といった作業をスキップしているので、有料コンテンツとしては非常に質が低くなりがちと言えるでしょう。

しかし、ブログの記事といった資産を電子書籍として再利用すること自体は、非常に効率の良いコンテンツ作りの方法だと思います。そこで私は、次のことを考えました。ブログの中でアクセスが多い記事、あるいは検索されることが多いテーマを核にして、電子書籍にまとめたらどうだろうか、と。

私はブログにGoogle AdSenseを貼り付けているので、アクセスが多い人気記事は、すでに稼いでいる記事でもあります。これらの記事を１つのテーマに沿って抽出し、1冊の本の体裁となるように再編集しリライトして、電子書籍に仕上げてみました。

実はこの方法で作成した電子書籍が、前述の月間150ダウンロードされた、第3弾の作品です。つまり、思惑通りの成果を上げたわけです。この頃になるとプロモーション活動に慣れてきたこともありますが、何よりすでに人気があるとわかっているテーマのブログ記事を集めた電子書籍なので、一定の売れ行きは想定内でした。

結局このことで得た成果は、「稼いでいるブログの記事は、集めて電子書籍として再編集して販売すれば、さらにもう1度稼いでくれる」ということでした。これこそコンテンツの再利用であり、1粒で2度おいしいコンテンツの販売方法でしょう。


本章の終わりに、まだささやかではありますが、ご参考までにKindleダイレクト・パブリッシングでの私の成果を報告します。

本書の初版の執筆時点で、私はKindleダイレクト・パブリッシングで8冊の電子書籍を自己出版していましたが、その頃３カ月間の１カ月当たりのロイヤリティ、つまり不労所得は、平均で約２万８０００円になっていました。決して大きな金額ではないかもしれません。また、新刊を出し続けない限り、この不労所得は徐々に小さくなっていきます。それでも、当時サラリーマンの私にとっては大変ありがたい不労所得になっていました。何しろ不労所得なので、その間に副業ライターでもアフィリエイトでも行いながら、さらに副収入を増やすことが可能になるからです。

ですから今後もどんどん新作を自己出版していこうと、意欲を漲らせています。

あとがき　――二足以上の草鞋が必須の時代へ――

「副業」を扱った本書の初版と第2版が、多くの方に手に取っていただけた理由のひとつに、これからも景気は回復しそうにない、と思われている方が多かったということがあるのではないかと想像しました。

そして第3版のあとがきを書いている２０２０年７月には、不況の最中に行われた前年10月の消費税増税でさらなる景気の下降が始まったところに、新型コロナウイルスによるパンデミックが発生して、日本のみならず、世界がリーマンショックを上回る経済危機に陥ると言われています。

この先の経済状況はわかりません。ある専門家は１９３０年代の世界恐慌と並ぶ危機が訪れると語りますが、一方ではこの危機の後に未曾有の好景気が訪れると予言している専門家もいます。いずれにせよ、もはや国民の一人ひとり、あるいは民間企業の努力などではどうにもならない状況と言えます。

唯一、財政出動できる政府だけがこの危機を乗り越える術を持っている状況です。危機により金利と物価が低下する今こそ、大胆な財政出動を行いやすい。自国通貨建てで国債を発行できる日本には、財政上の制約もありません。

しかし政治家も国民も、プライマリーバランスの黒字化こそ財政健全化のために必要だという、まるで国家を個人や民間企業のように捉える迷信に呪縛されています。この思考を転換しなければ、「コロナショック」と呼ばれ始めた危機を乗り越えることは困難になるでしょう。

もちろん、この私の見立てはぜひとも的外れであってほしいとも思います。

私事で恐縮ですが、実は本書の初版出版直後に、当方の勤務先は経営状況が悪化しリストラが実施され、筆者が所属していた部門のほぼ全員が解雇されるという事態が起こりました。

当方はもちろん再就職すべく活動しましたが、51歳という年齢もあり、業界も景気が悪いため再就職が困難であり、路頭に迷い始めたのです。

そのとき、私の生活を支えてくれたのは、副業ライターとしての実績でした。この実績のおかげで、フリーのライターとして再出発することができたのです。

もし、副業ライターをやっていなければ、フリーライターになるという発想もなかったかもしれませんし、50代から新たな業界で新人としてスタートすることは、かなり困難なことではなかったかと思います。しかし、わずかながらも副業でライターとしての実績を作っておいたおかげで、フリーライターとして、思った以上にスムーズなスタートを切れたのです。

何が言いたいのかといいますと、副業ライターに限らず、何かしら二足以上の草鞋を履いていれば、もしも本業が継続困難になったときでも、生活を支えてくれるバックアップになるかもしれないということです。そして、もしかするとこれからの社会は、二足以上の草鞋を履いていないことが、非常にリスクの高い状態になるかもしれません（ならない方がよいですが）。

そう考えると、おこがましいとは思いながらも、著者自ら、本書を多くの方にお勧めしたいと思ってしまうのです。

２０２０年７月　しげぞう

【著者プロフィール】

しげぞう

1962年生まれ。各種マニュアルの制作を行うドキュメント制作会社でディレクターを行っていた際、不況による減俸から生活防衛のために、副業ライターを始める。

その後、勤務先のリストラにより所属部門が解散されたため、フリーライターとして独立する。

著書に、『駅猫 Diary』（洋泉社）、『月10万円も夢じゃない！Webを活用して副業ライターで稼ぐ！』（秀和システム）、『〈アウトライン記述法〉でA4一枚の文書がサクサクつくれる本』（日本実業出版社）、『文例集では書けない超速 ビジネス文書作成マニュアル』（日本能率協会マネジメントセンター）がある（最後の2冊は地蔵重樹名義）。

【ブログ】

『副業ライター入門&相談室』（http://fukugyou-writer.seesaa.net/）

１日１時間から稼ぐ
副業ライターのはじめ方

2013 年 9 月 20 日　初版第 1 刷発行
2020 年 8 月 8 日　第 3 版第 1 刷発行

著　者　しげぞう
発行者　伊藤 滋
印刷所　株式会社光邦
製本所　新風製本株式会社
発行所　株式会社自由国民社
住　所　〒 171-0033 東京都豊島区高田 3-10-11
電　話　03-6233-0781（営業部）03-6233-0786（編集部）
URL　https://www.jiyu.co.jp/

企画協力　企画のたまご屋さん
カバーデザイン・DTP　柏田幸子 (WELL PLANNING)

本書で紹介している各種サービス並びに URL は、2020 年7月現在のものです。内容や URL が変更されていることもあります。また、各種サービスのご利用は、自己責任においてお願いします。ご利用の結果について、著者並びに当社は一切の責任を負いません。

また、本書に紹介されている会社名、サービス名などは、各社の商標及び登録商標です。

リンク先は執筆時の情報のため、変更されている場合もあります。また、サービスが終了していたり、サービス内容が変更されていたりする場合もあります。